中東で何が起こっているのか

公開霊言
ムハンマド
アリー
サラディン

大川隆法
RYUHO OKAWA

ムハンマドの霊言(第1章)は、2011年8月23日、幸福の科学総合本部にて、質問者との対話形式で公開収録された。

まえがき

今、中東が熱い。だが、日本人には原油とイスラム教ぐらいしか頭に浮かばない。そのイスラム教もボンヤリとしたイメージで、「イスラム原理主義」と「イスラム武装過激派」との区別すら、はっきりしない。重なる部分はあるが、両者は全く同じではない。

本書では、開祖「ムハンマド」、四代目カリフ「アリー」、十字軍と戦った英雄「サラディン」という、比較的良く知られた三人の霊人に登場願った。「アリー」が日本神道の中心神と関連があり、「サラディン」が日露戦争でロシアのバルチック艦隊を破った「東郷平八郎」に生まれ変わったと聞けば、親近感を感じる人もいるだろう。

本書が迷えるイスラム圏の人々に一条の光明となることを祈りたい。

二〇一三年　二月十二日

幸福の科学グループ創始者兼総裁　大川隆法

中東で何が起こっているのか　目次

第1章　中東で何が起こっているのか

――ムハンマドの霊言（れいげん）――

二〇一一年八月二十三日　収録

東京都・幸福の科学総合本部にて

第2章　イスラム教四代目カリフ・アリーの霊言

二〇一二年四月八日　収録

東京都・幸福の科学　教祖殿　大悟館にて

第3章 イスラムの英雄・サラディンの霊言

二〇一二年四月二十日 収録

東京都・幸福の科学 教祖殿 大悟館にて

「霊言現象」とは、あの世の霊存在の言葉を語り下ろす現象のことをいう。これは高度な悟りを開いた者に特有のものであり、「霊媒現象」（トランス状態になって意識を失い、霊が一方的にしゃべる現象）とは異なる。外国人霊の霊言の場合には、霊言現象を行う者の言語中枢から、必要な言葉を選び出し、日本語で語ることも可能である。

なお、「霊言」は、あくまでも霊人の意見であり、幸福の科学グループとしての見解と矛盾する内容を含む場合がある点、付記しておきたい。

第1章

中東で何が起こっているのか

――ムハンマドの霊言（れいげん）――

二〇一一年八月二十三日　収録

東京都・幸福の科学総合本部にて

ムハンマド（マホメット）（五七〇～六三二）

イスラム教の開祖。日本ではマホメットと呼ばれることも多い。メッカのクライシュ族の名門ハシム家に生まれ、青年期には隊商をしていた。二十五歳で裕福な未亡人ハディージャと結婚し、四十歳のときにヒラー山の洞窟でアッラーの啓示を受ける。厳格な一神教を唱え、偶像崇拝を否定したため迫害を受け、メジナに逃れる（ヘジラ）。六三〇年、メッカを占領し、アラビア半島を統一した。八次元如来界の光の大指導霊（『黄金の法』〔幸福の科学出版刊〕第5章参照）。

質問者　※質問順

綾織次郎（幸福の科学理事 兼「ザ・リバティ」編集長）

市川和博（幸福の科学専務理事 兼 国際局長）

［役職は収録時点のもの］

1 「イスラム民主化革命」の霊的真相に迫る

大川隆法　今日（二〇一一年八月二十三日）、総合本部に、「何か収録を行ってほしいものはありますか」と問い合わせたところ、二つほど返事が返ってきて、その一つが、「『中東で何が起こっているのか』ということを、ムハンマドの霊言で聴きたい」というものでした（注。もう一つは、同日に収録された「ＵＦＯ墜落の真実」。『ネバダ州米軍基地「エリア51」の遠隔透視』〔幸福の科学出版刊〕に所収）。

確かに、今、リビアにおける革命、すなわち、リビア・ウォーの最終段階であり、「首都トリポリが制圧され、カダフィ派が終わりになるかどうか」の詰めが行われているところです（収録当時。首都トリポリが陥落し、カダフィ政権は完全に崩壊した。カダフィは、同年十月、逃亡先で身柄を拘束される際に受けた攻撃により死亡）。ＣＮＮやＢＢＣでは、そのニュースばかりを放送していますが、日本の報道機関は、主として国内の政局のほうに関心があるようです（笑）。

今のところ、これが「革命」なのか「動乱」なのかは分かりませんが、チュニジアから始まった動きがほかの砂漠地帯にも広がり、民衆の蜂起があちこちで起きています。

これらは、主としてイスラム教国を中心に起きている動きなので、天上界のムハンマドが何か霊的に関係しているのかどうか、知りたいところではあります。

現実の状況そのものは、テレビ等の報道でも分からないことはないのですが、「何か霊的な背景があるのではないか」という編集部あたりからの問い合わせなのだろうと感じます。

ただ、もしかしたら、ムハンマドとは違う者が関係している可能性もあります。最初はムハンマドから調査に入りますが、「ムハンマドとは違う者が起こしているようだ」ということが分かった場合は、調査対象を切り替えたいと考えています。

とにかく、「イスラム圏に何らかの民主化革命が起きていることは間違いがない」と思うので、この霊的真相に迫るのが、当会の基本的な趣旨というか、使命の一つであると考えます。

それでは、ムハンマドを呼んでみます。質問を投げかけて、〝犯人〟と言ってはいけないかもしれませんが、「ムハンマドが何か関係しているのかどうか、もし、関係していないとしたら、誰がかかわっているのか」ということを突き止めたいと考えています。

（三回、大きく深呼吸をする）

イスラム教の創始者にして、「神の言葉を伝えた」と言われている、ムハンマド、マホメットよ。

どうか、幸福の科学総合本部に降りたまいて、現在、中東で進行中の革命運動等について、何らかのご見解がありましたならば、お教え願いたく思います。
イスラム教の創始者、ムハンマドの霊よ。
どうか、われらに霊示(れいじ)を降ろしたまいて、物事の本質を教えたまえ。

(約二十五秒間の沈黙(ちんもく))

2 「自由の神」エル・カンターレの働き

「イスラム教の改革が必要だ」と考えているムハンマド

ムハンマド　うーん。

綾織　ムハンマド様でいらっしゃいますでしょうか。

ムハンマド　ああ、うん。

綾織　本日は、幸福の科学総合本部にご降臨いただきまして、まことにありがとうございます。

ムハンマド様には、昨年の二月に、一度、ご降臨いただきましたが（二〇一〇年二月十六日。『世界紛争の真実』――ミカエルvs.ムハンマド――〔幸福の科学出版刊〕参照）、その後、アラブ、中東の情勢は大きく変わっております。

ムハンマド　うん、うん。

綾織　ただ、ムハンマド様は、そのときに、イスラムの方向性について、「オバマ氏がアメリカの大統領になり、『イスラムとの融和』を打ち出しているため、一つのチャンスである」とおっしゃっていました。

ムハンマド　うーん。

綾織　そうした流れのなかで、今、チュニジアから始まった民主化革命が、エジプト、そして、リビアへと、大きく広がっております。

今の、この動きに対して、ムハンマド様は、天上界（てんじょうかい）からどのようにご覧になっていて、どのようなお仕事をされているのでしょうか。この点について教えていただければと思います。

ムハンマド　これは、ある意味では、あなたがたも原因の一つかと思う。

今、「イスラム教の改革が必要だ」と感じている新しい勢力が出てきている。すなわち、「キリスト教との対立」という従来の対立軸（じく）だけではなく、別な視点から見て、「イスラム教は改革すべきである」という考えが、今、あなたがたを中心に出てきているが、私も、ある意味では、そのように思っている。

「立宗（りっしゅう）から千数百年たっているのに、そのころの考え方や行動のままでは、イスラムは取り残されてしまう」という考えは、私も持っている。

しかし、十字軍以来の長い歴史のなかで、簡単に、キリスト教文明に吸収されてしまうということには、いかんともしがたい抵抗感を感じる。

今、新たな宗教（幸福の科学）が起きてきて、われらに対しても一定の寛容度を持っていることが分かってきてはいるので、「上手な加減により、完全にキリスト教国化されないかたちでの民主化が可能なのでないか」という道筋が見えてきたところだ。

われわれは、完全に、アメリカやヨーロッパに、もう一回、植民地化されるようなかたちでの「宗教の崩壊」を望んではいない。

イスラム教を国教として、政治体制と一体化しているかぎりは、キリスト教国の自由にはならない。そういう意味において、イスラム教を「政治の盾」として使うことはできた。

イスラム教の側も民主化・自由化を進める必要がある

ムハンマド　しかし、キリスト教側からも責められているけれども、イスラム教下では、「人権面での抑圧」や、あるいは、「民主的で自由な企業活動に対する阻害要因」がかなりある。また、「貧しさの平等」や「軍事的な独裁」も多く、人々の幸福感は非常に低いと言える。

今、アメリカもそうかもしれないが、ヨーロッパのEUにも経済的な危機が起きていて、イスラム圏のほうを経済的に助けられるような余力はない。

先般、北欧の、あれはノルウェーだったかな？　右翼青年が、トルコなどからの移民に反対して大量殺人を犯した事件があったな（二〇一一年七月、ノルウェー連続テロ事件。合計で七十七人が死亡）。（経済的に）貧しく、雇用が逼迫しているのに、移民を入れている国の政策に反対して、そのようなことをやったようだ。

お金に苦しいイスラムの人たちが、欧米のほうに出稼ぎに行き、（自国に）送金したりすることが多かったのだが、これが今、欧米の経済的な衰退によって、だんだん押し返されてきて、もしかしたら、かつてのユダヤ人のように迫害を受けるかもしれない状況も出てきた。

そして、そういう経済的な不況、恐慌が起きてきた場合は、えてして大戦が起きやすい状況になるため、その生贄として弱い者が選ばれる傾向がある。

だから、今、「イスラムの民主化」と称して、NATO軍がアフリカのリビアを空爆するなど、戦争が起きている。

もちろん、正義の観点から、「軍が民衆を攻撃するのは許せないので、カダフィ側を叩く」という面もあるとは思うけれど、もう一つは、やはり、「戦争をすることによって、軍需産業に巨大な消費が起きるため、弾薬や武器など、いろいろなものを製造できて、景気が回復する」という計算も終わっているはずだ。

そういうことも知った上で、「それも、ある程度、やむをえない」とは思いつつも、イスラム教の側も、防衛のためには、やはり、民主化、自由化を進める必要があるのではないかと思う。

あなたがたの新しい教えは、共産主義に対しても、かなり厳しい批判を向けているが、「『軍事独裁下の平等』というのは、共産主義と変わらないのではないか」ということで、イスラム圏での「人権抑圧」や「貧しさの平等」に対しても、鋭い目を向けている。それで、イスラムのなかからも、あなたがたの教えを求める声が、今、上がってきている。

もし、われわれのイスラム教の教えを見事に生かしつつ、新しい地平を開くことができるのならば、ある程度の共存が可能なのではないか。そういうことも模索されているところだな。

そういう意味で、今、「時期が来たかな」と思っているので、私も関係はしている。まさしく、去年、あなたがたに霊言を送ったあたりで、霊界で太いパイプができ、交流が開始されたところであります。

「革命の思想」を中東に降ろしているのはエローヒム

綾織　そうしますと、今、急速に始まっている民主化の動きに対して、中心的に指導やアドバイスをされている方は、別にいらっしゃるのでしょうか。

ムハンマド　うーん、まあ、私も承知してはおりますが、私自身がイスラム教国を〝倒したい〟と考えているわけではないので、もう一つ、上の力が働いているように思いますね。

綾織　イスラム改革につきましては、やはり、主エル・カンターレが中心的に、その意図を持っておられると思うのですが、「ムハンマド様は、主エル・カンターレからご指導を受けている」と考えてよいのでしょうか。

ムハンマド　基本的には、エローヒムという神が、中東のほうを中心とする神であり、アッラーというのは、固有名詞ではなくて、いろいろな名で呼ばれている神の総称です（注。エローヒムとは、前回、エル・カンターレ本体意識が約一億五千万年前に中東に下生したときの名前。『黄金の法』、『エル・カンターレ信仰とは何か』

『アルファの法』〔宗教法人幸福の科学刊〕参照)。

人々には、神様の名前は分からないので、そうなっていたわけです。

私自身、最初、ユダヤ教やキリスト教は認めていたのだけれども、彼らからの迫害が強くなってきたために、彼らと同じ神の名を唱えるのは、やはり、難しくなってきたところがあった。(神の名として)アッラーも使うし、アッラー以外も使うのだけれども、主として、中東の神の中心はエローヒムです。

そのエローヒムをアシストしているのが、あなたがたが、今、ゾロアスターとかマニとか呼んでいる方々です(注。ゾロアスターは、三世紀にマニ教の開祖・マニとして転生している。『黄金の法』『ゾロアスターとマイトレーヤーの降臨』〔幸福の科学出版刊〕参照)。このへんの方々がアシストされているのではないかと思う。

もちろん、イエスやモーセも中東には関心を持っているとは思いますが、いずれにせよ、数多くの宗教が起きた所なので、あなたがたがまだ認識していない神々で、力を持っている者も存在はしております。ただ、中心的には、エローヒムの働きが起きていると思う。

つまり、中東からヨーロッパの一部を含む地中海経済圏と、アフリカもかなり含んだ地域に、今、エローヒムが革命の思想を降ろしていると思われます。

エル・カンターレによる「世界同時革命」が起きつつある

ムハンマド　また、北米のほうは、主として「トス」という人が、今、改革に入っているようだし、アジアのほうは、「ラ・ムー」と呼ばれた人が、今、アジアの自由の防衛のほうに入っているように見えるし、中南米のほうの解放は、「リエント・アール・クラウド」が関係しているように思えますね（注。トスは約一万二千年前のアトランティス大陸の指導者。ラ・ムーは、約一万七千年前のムー大陸の王。リエント・アール・クラウドは約七千年前の古代インカの王。いずれもエル・カンターレの分身。『太陽の法』〔幸福の科学出版刊〕参照）。
今、日本で、あなたがたは、「地の果てまでも伝道せよ」と言っていますが、これは、「世界同時革命」が起きようとしていると思います。霊的には、それはすでに始まっていて、今年から来年にかけて、世界的な変動が起きてくるでしょう。最初、思想の淵源は小さく見えても、だんだん大きな影響が出てきます。

中東では、今、これだけ革命が起き、民衆が立ち上がって、軍部を伴いながら大統領を追い出すなど、民主化が進んでいますが、さらに、これが中国のほうまで飛び火しようとしているわけですね。

これはエル・カンターレの考えそのものなので、おそらく、アメリカの立て直しから中南米の立て直しまで続いていくはずだし、アジア圏の、もう一段の繁栄も考えているはずですので、近々、価値観が大きく変動していくだろうと思われます。

今は、相変わらず、白人の欧米が空爆をしたりして、革命を推進しているけれども、いずれ、イスラム教徒たちによる自主的な運動が起きてきます。そのときには、それを助ける先進国が必要です。

イスラム圏の人たちは、日本に対しては悪感情は何も持っていない。あなたがたに伝えられていないだけで、「欧米による長年の植民地支配から解放されたのは、日本のおかげだ」ということを、イスラム圏の人たちは、みな感じている。日本が盟主になることについては、とても喜んでいるので、ぜひとも、日本に頑張(がんば)っていただきたいと思う。

そして、「日本に繁栄をもたらそうとしている、この新しい教えに、ぜひとも強くなっていただき、キリスト教圏の白人優位説を超(こ)えて、できればリーダーになっていただきたい。そうすれば、民族差別や宗教差別的なものを超えられるのではないか」と考えているところです。

私は、まだ、いちばん「上」ではないので、具体的な指示を受けて、いろいろな活動をすることがあるし、イスラム教も十億人を超えて広がっているので、私一人の力では、もう、どうにもならないところまで来ています。

まあ、政治・軍事とイスラム教が合体しているところを少し分解しないかぎり、革命としては成功しないだろうと思うので、「自由の神」の価値観が入らなければいけないのかなと考えています。

綾織　ありがとうございます。

3　イスラム教における「戦争」の考え方

「オサマ・ビン・ラディン」に対するムハンマドの評価

綾織　今の民主化の流れとは別に、先般、オサマ・ビン・ラディンが、アメリカ軍によって殺害されました（二〇一一年五月）。

ムハンマド　ええ。

綾織　その後、亡くなったオサマ・ビン・ラディンと、霊界でお話をされるようなことがあったのでしょうか。彼が狙いとした、アメリカに対するテロ攻撃の評価も含めて、教えていただければと思います。

ムハンマド　うーん。多少、難しくなるが、立場を変えればね、武力で圧倒的に優位な国が、外国まで来て軍事行動を起こすことは、攻撃される側には侵略を受けているように感じるところがあるだろう。これは、国を換えても似たようなところはあるわけで、「憂国の士」を内部的に支持する勢力があることは事実ですよ。

だから、そのグループのなかから見れば、彼は、一種の英雄的な存在であった面は否めないと思うが、彼らの革命的活動そのものは、実は、必ずしも未来を拓くようなものではなかったと思う。

まあ、私もテロに関係しているようなことを、ちょっと口走ってしまったので（『救世の法』〔幸福の科学出版刊〕参照）、今、少し不評を買っている。〝テロの神様〟と思われては困るのですがね。

イスラム教徒が戦争そのものを否定しない理由

ムハンマド　イスラム教徒は、みな、イスラム教の成立史を読んでいて、「（ムハンマドは）圧倒的な軍事力を持つメッカ軍の攻撃からメジナに逃れ、そこで勢力を結集して、メッカ軍を打ち破り、メッカを占領した。それによって、イスラム教は成立した」という歴史を学んでいる。

また、当時の神の教えとして、「ムハンマドを神の使徒と認める者を守る」という霊言が降りていたので、戦争に際しても、自分たちの側に神があり、「メッカのほうの古い神々、および、『万物に神が宿る』というような古い汎神論的な宗教を一掃する」という大義はあった。

（イスラム教徒は）そうした「教祖伝」なり「歴史」なりを学んでいるので、戦争そのものを否定する気はあまりない。

もっとも、戦争といっても「抵抗戦」であって、もともとは自分たちから戦おうとしたわけではない。メッカで、「神の預言者」として立ち、神の言葉として新しい教えを伝えようとしたところ、迫害（はくがい）が及（およ）んできた。実際、教祖である私や信者たちの命を狙い、殺しに来たので、転戦してメジナまで逃（に）げ、立て直しをした。たまたま、私には軍事的才能があったので、奇跡（きせき）的な逆転劇で勝つことができたが、それがイスラム教の自慢（じまん）である。

キリスト教が滅（ほろ）びて「イスラム教の時代」になった可能性も

ムハンマド　キリスト教と比較（ひかく）しても、「イエス在世（ざいせ）中、キリスト教はユダヤ教とローマ軍に殲滅（せんめつ）されてしまい、イエスも十字架（じゅうじか）に架かったが、ムハンマドは勝った。キリスト教よりも、新しい教えであるイスラム教のほうが優（すぐ）れている」という考えがある。

それで、中世以降、十字軍運動等があって、千年近い戦いが続いたわけだね。

その間（かん）、キリスト教のなかでは、カトリックとプロテスタントの新旧の宗教戦争等が起き、キリスト教は中世に危機の時代を迎えた。

その一方、イスラム教は全盛期を迎えたので、場合によっては、キリスト教が滅びてイスラム教の時代になる可能性もあったことはあったが、キリスト教もバカではなかったため、新教（プロテスタント）と旧教（カトリック）に分かれながら住み分けをし、それぞれ発展を目指していったということかな。

ただ、「世界が、『どちらかが、どちらかをのみ込む』というかたちにならなかった」という意味では、両者ともに強い面はあったかと思う。

宗教としては、とっくに滅びてもよかったにもかかわらず、キリスト教が生き延びたのは、連綿として文明を維持する力が働いていたからだろうと思うし、ギリシャ・ローマ系の神々が転生して、キリスト教のなかに入り込んでいたことが大きいだろうね。

一方、私たちのほうには、中東系の神々がかなり転生していた。

そのように、「巨大な磁場が両方に働いていたので、現在まで遺り、世界宗教として大を成している」というところかねえ。
仏教系のほうは、少し弱まってきている感じかな。
それで、質問は何だったか。

イスラム世界では「敗れた者」は英雄になれない

綾織　宗教的に関心が出てくるのが、オサマ・ビン・ラディンについてです。

ムハンマド　ああ、ビン・ラディン。

綾織　イスラム教の教えでは、戦って殉教すれば、天国で……。

ムハンマド　だから、よく似ているのよ。
私や、私を信じた信者たちが、メッカ軍に攻められて戦っていたとき、はっきり言えば、正規軍をつくるまでは、そう簡単でなかった。最初、テロリストのような戦い方や塹壕(ざんごう)戦など、抵抗勢力的な戦い方、弱者の戦い方をやっていたので、そういうところに郷愁(きょうしゅう)を感じる者も、イスラム教のなかには、いるわけだよ。

綾織　イスラム教では、「殉教すれば、天国に還(かえ)って、処女たちと交わることができる」ということになっていますが、殉教した人たちは、実際に、どのような世界に還っているのでしょうか。

ムハンマド　君、それは冒瀆(ぼうとく)罪に当たるが、「オサマ・ビン・ラディンが、今、どうなっているか」ということを、私の口から言うのは少し苦しいことではある。

うーん……、はっきり言って、まだ、迷ってはおるようだな。英雄(えいゆう)として、あの世にスッと還ったとは思えない。彼に対する憎(にく)しみが、かなり残っているので、まだ、さまよってはいるようだ（注。二〇一三年一月二十二日に収録した「イスラム過激派に正義はあるのか」のなかで、オサマ・ビン・ラディンは地獄にいることが判明している。『イスラム過激派に正義はあるのか』〔幸福の科学出版刊〕参照）。

まあ、殺された人の数はこちら側のほうが多いんだけどね。あの「九・一一」（アメリカ同時多発テロ事件）で三千人ぐらいが亡くなったと言っても、アメリカ軍に殺されたイスラム圏の人の数は「万」を超えておるので、こちらのほうが比較にならないぐらい多いのだがね。

われわれの世界では、敗れた者は英雄ではないのだよ。サダム・フセインしかり、ビン・ラディンしかり。敗れても英雄になれるのはキリスト教圏のほうだ。

サダム・フセインだって、あれで、もし、アメリカ軍に一矢を報いて、イラクを防衛できていれば、「サラディンの再来」になれたのだろうが、圧倒的な兵力の差を読めなかったのは悲しかったな。

（フセインに）神からの啓示が降りて、もし米軍を撃退することができたとすれば、「サラディン」になれたんだろうけれども、あっさりと負けてしまって、口ほどにもなかったね。だから、英雄になり損ねている。

まあ、好きなら、いつでもお呼び出しになられたらいいが、嫌うだろうとは思う。フセインは、敵からも憎まれていたが、味方からも憎まれていたので、普通は、そう簡単に〝成仏〟しないよ（注。二〇一三年二月四日に収録した「『イラク戦争は正しかったか』――サダム・フセインの死後を霊査する――」によって、フセインも、いまだ天上界に還れないでいる事実が判明している）。

オサマ・ビン・ラディンは「革命家」ではなく「守旧派」

ムハンマド　オサマ・ビン・ラディンのほうは、仲間うちでも評価が割れていた。過激派は支持していたが、欧米や日本等と取り引きをして経済的な豊かさを味わっている中東の人たちは、そういうテロ行為等にはあまり賛成ではなかったわけだ。
でも、飛行機で突撃したり、体に爆弾を巻いて突っ込んでいったり、車ごと突っ込んでいったりするのは、日本の「神風」のまねをしているのであって、日本を尊敬してやっているんだよ。

だから、「日本の神風特攻隊の人たちは、死後、どうなっているか」という問題と同じかもしれない（笑）。「原子爆弾を落とす国に対して、神風特攻隊で戦えるか」という、かわいそうなところは同じなのでね。

残念だが、はっきり言って、あれは、ある意味での革命家のように見えながら、実は守旧派であって、千数百年前のイスラムの旧い遺伝子でもってやろうとしたわけだ。ただ、アメリカ軍という〝メッカのクライシュ族〟が強かったので、「喧嘩を売ったら負けた」ということだね。文明落差のところが読み切れていなかった。

昔は、それほどの文明落差がなかったので、私の発明した塹壕戦と弓隊ぐらいで十分に勝てた。つまり、メッカ軍に対して、十分の一ぐらいの戦力しかなかったため、街の周りに塹壕を急いで掘り、そのなかに身を隠しながら敵を攻撃した。そういう、「向こうからは攻撃を受けず、こちらからだけ攻撃できる」というトレンチ戦（塹壕戦）を発明したことと、弓隊を二重三重にして、間髪を容れず矢を射る作戦を発明したことで、メッカ軍に勝ててしまったところがあった。

しかし、そのレベルと、今の科学技術による戦闘力との差は、かなりあるね。

彼らは、アメリカ軍に、アフガニスタンの岩山へ爆弾を落とさせて、浪費させることぐらいしかできなかった。「アメリカ経済が潰れるといいな」と思いつつも、結局、アメリカが潰れる前に、自分たちのほうがやられてしまった。

それは、あなたがたの世界で言えば、〝白虎隊〟だよ。まあ、よくあることであるから、君、多少は同情の心を持ちたまえ。

綾織　申し訳ありません。

ムハンマド　立場によっては、そういうことはあるのだよ。

4　「イランの核開発」をどう見ているか

老獪で節操がない「アメリカの中東への介入」

綾織　これも少しお伺いしにくいテーマなのですが、中東における一連の民主化の流れのなかで、イランは、確かに民主化的な運動が出てきている一方、政治の力が非常に強く、国民への弾圧も行われています。

ムハンマド　うん。

綾織　また、核開発も着々と進んでいて、イスラエルも懸念を強めています。今の民主化、自由化の流れは、エローヒム様から発されたものであるわけですが、

「イランという国を、どのように見ていけばよいのか。あるいは、どのような方向に導いていけばよいのか」ということについて、教えていただければと思います。

ムハンマド　宗教的には、イラクもイランも、歴史のある非常に大事な国なんですよ。中国が自分たちの歴史の長さに誇りを持っているように、イラクで起きた宗教は数多いし、イラン発の世界宗教も数多くある。そういう歴史と伝統文化があり、さらに、ここには非常に強い「宗教の磁場」があるので、それは守りたい。

一方、イスラエルにもエルサレムを中心とする大きな宗教磁場がある。ここは「神々の交差点」であり、神々が多すぎて、〝衝突事故〟が数多く起きている地域ではあるね。

だから、なかなか収まりがつかないのだが、「一方が他方を完全に殲滅するかたちで、本当に平和が成立するのか」というと、そう簡単にはいかないという感じはするね。

イスラエルのほうは、どちらかと言えばユダヤ教だけれども、半分キリスト教化していていて、アメリカがついているため、「アメリカ」対「イスラム」の構図が一つにはある。

アメリカも老獪だから、イランを敵視していたときは、サダム・フセインのイラクに軍事支援をし、イラクと戦うときは、イランのほうを支持していた。そして、今は、「イランが脅威だ」と言っている。

また、リビアも、サダム・フセインへの攻撃、すなわち、イラク戦争等を支持していたのに、今度は、リビアが攻撃の対象になっている。

このように、（アメリカには）あまり節操がなく、その時々の判断で、世論の支持を取れることをやっているように思えるね。

「神の正義がいったいどこにあるか」ということは難しいけれども、おそらく、イランの人たちの気持ちは、「日本には日米同盟もあるので、日本人に、黄色人種の代表として、何とか（アメリカとの）橋渡しをし、仲裁をしてもらいたい」ということなのではないかな。

イスラエルにだけ核武装を認めるのは「神の正義」なのか

ムハンマド　立場を変えれば意見が違うのは分かるけれども、戦後、それまで、ありもしなかった国を建てたわけだよ。「第二次大戦で、ユダヤ民族がドイツでひどい目に遭ったから、アラブの世界のなかに、千九百年ぶりに国を建ててやる」というシオニズム運動は、チャーチルとか、そんな人たちが考えてやったことだけれども、自分の庭のなかに他人が家を建てたら、普通は怒るからね。

だから、われわれが怒ったのは、おかしいことではなくて、第三次、第四次と、中東戦争が数多く起きてくるのは当然ではある。

やはり、「イスラエルにだけ核武装を認めて、アラブのほうには認めない」というのは極端な話だ。イスラエルがそんなに正統な国であれば、しかたがないけれども、「千九百年ぶりに国をつくる」というのは、あなた、大変なことなんですよ。

例えば、それは、中国が「千九百年前には、日本の、この地域を支配していた」とか、韓国が「千九百年前には、日本の中国地方は韓国の支配下にあった」とか言い出して、中国地方が日本から独立したりするようなものだよ。あるいは、今、韓国が対馬の土地をたくさん買っているけれども、「対馬は韓国領だ」と言って、いきなり対馬が韓国領として独立したりしたら、戦争が起きるだろう。普通はそうだね。

そのように、盗人はイスラエルのほうなんだよ。つまり、「そういう盗人に核武装まで認めたことに、世界的な正義があるのか」ということが、アラブ人にとっての「神への問いかけ」であるわけだね。

「ムハンマドの信じた神は、キリスト教の神に勝てるのか、勝てないのか」。このへんを、今、歴史的に見ているところだ。

多数決をとったら、われわれの勝ちだ。民主主義は「一人一票で平等」だから、われわれの勝ちだけれども、「欧米の価値観を信じている人間には、一人で百人分の値打ちがある」などと言うのなら、話が違ってくる。

だから、「神の正義とは何か」を、今、われわれというか、地上に住んでいる人たちは問うている。

ただ、欧米から、「原始的で、野蛮だ」と思われている風習のところは、偏見や攻撃の材料になるので、今、「少し改めるべきではないか」という動きはある。

つまり、残酷な刑罰とか、いろいろな職業における参入障壁とか、女性に対する差別とか、こういうものについては、「変えていこう。自分たちで改善すべきところは改善していこう」という動きは出ている。EUへの出稼ぎも、かなりあったからね。

しかし、「一方的に、イスラエルにだけ有利な考え方が、はたして本当に神のお心なのか」というところについて、大多数の人は大いなる疑問を持っているわけだな。

だから、もし、イラクに代わってイランが中東の盟主になり、イスラエルを牽制してくれるのなら、イスラム諸国は、ある程度までイランを支援すると思うよ。ただ、その結果、大戦争を起こしてボロボロに負けてしまうのなら、やはり、逃(に)げるね。そのように考えると思うので、そのへんの読み方だね。

綾織　神々の深い意図について教えていただき、まことにありがとうございました。それでは、質問者を替(か)わらせていただきます。

5 「イスラム圏伝道」へのアドバイス

共産主義国と同じぐらい難しい「イスラム教国への伝道」

市川　ムハンマド様、本日は、ご降臨まことにありがとうございます。

今、ハッピー・サイエンス（幸福の科学）は、世界八十カ国以上に広がっております（収録当時。二〇一三年二月現在、百カ国以上）。

ムハンマド　うん。

市川　中東の厳格なイスラム教国においても、現在、会員が増えており、彼らは、各自の家庭で勉強会を行ったり、縁ある方に法を伝えたりしています。

そのなかで、本日は、「イスラム教国への伝道」について、ご示唆、アドバイス等を頂ければと思います。

ムハンマド　うーん。まあ、難しい国でしょうね。共産主義国と同じぐらいの難しさがあるようには思うし、イスラム教では、基本的に、「転向」を認めていない。これは、人間がつくったもの（ルール）ではあるんだけどもね。

私の時代には、そんな余裕はなかったので、何とか建国まではしたけれども、その後の歴史がどうなるかは分からなかったね。

私は、建国者であり、（ムハンマドから始まる）イスラム暦もあるわけだから、日本で言えば神武天皇に当たるのかもしれない。しかし、それは、「日本に仏教を入れるかどうか」という問題と同様、その後の人の問題なのでね。

「霊言型宗教」はイスラム教徒には理解されやすい

ムハンマド　イスラムは、ある意味では、単純なんだよ。

つまり、ムハンマドである私自身は読むことも書くこともできなかったので、あなたがたの時代で言えば文盲に近いのかもしれない。「話すこと」と「聞くこと」しかできず、耳学問ぐらいしかしていなかった私が、あるとき、神の声が聞こえるようになり、声帯の部分を絞め上げられ、無理やり他力が加わるかたちで、「話せ」という感じになった。

あなたがたは、『クルアーン』を『コーラン』と言っているけど、「クルアーン」というのは、「誦まれるもの」という意味だね。それで、「誦め」「誦め」という言葉が降りてくるんだけど、私は字が読めないし、「誦めません」と何度も言った。それでも、「誦め」「誦め」と言われるんだよね。

この神の言葉は、要するに、今で言う「霊言」だよ。だから、「霊言を誦め」と言っている。『コーラン』というのは、私の声帯を通して流れ出た神の言葉を綴（つづ）ったもので、今で言えば、小さな本一冊ぐらいにしかならない分量だけど、イスラム教は、基本的に「霊言宗教」なんだよ。

あなたがたは、霊言を多用する宗教だから、イスラム教徒には、この霊言宗教というかたちは非常に理解しやすいと思う。ある意味で、キリスト教徒よりも、イスラム教徒のほうが理解しやすいだろう。

キリスト教徒には、霊言宗教をストンとは理解できない面があるので、「イエス・キリストが霊言をする」と聞くと、「『キリストが霊言をする』などということがあるのだろうか」という感じで、少し引いてしまうところはあると思うが、イスラム教徒から見れば、「当然、そういうことはあるだろう」と思うだろうね。

もちろん、日本の古代の神々などの霊言を数多く出しても、イスラム圏（けん）の人には訳（わけ）が分からないから、彼らが知っている人でなければ意味はないと思う。しかし、ムハンマドの霊言や、イスラム圏にかかわる人の霊言、あるいは、イーサー（イスラムにおけるイエスの呼称）、いや、イーサーじゃない、イエスか。まあ、イエスや、もちろん仏陀も名前は知られているけれども、ほかにも中東関連の人はいるだろうから、「そういう、中東の人たちが認識している人の霊言であれば、出しても分かるのではないかな」と思うんだね。

そういう「霊言型宗教」については、たぶん、けっこう理解すると思う。

一種の社会福祉だった「イスラム教の一夫多妻制」

ムハンマド　それと、キリスト教に「悪」と決めつけられているのが、やはり、結婚制度の部分だね。

私は、二十五歳のときに、行き倒れになったところを隊商の女主人であるハディージャに救われて、最初、その十五歳年上の人と結婚し、豊かな商人になれた。まあ、現代的に、あなたがたの言葉で言えば、「ヒモ」だったのかもしれないが、瞑想修行をしているうちに、私には神の声が聞こえるようになった。それで、最初の信者になったのが、妻ハディージャであった。

ハディージャとの間に子供は何人もできたけれども、亡くなった子も多かった。ただ、ハディージャは、最初の信者であったし、協力者でもあったので、彼女が生きている間は、私は「一夫一婦制」を厳格に守っていた。

ハディージャは十五歳も年上だったので、あちらが亡くなってからあとは、もちろん、奥さんを何人か、正直に言えば十何人かもらったけれども、そのなかで、私が本当に愛していたのはアーイシャであり、いちばんかわいがっていた。

私は平等を守る人だから、弟子たちには、「四人までは（妻を持つことを）認めるけれども、平等に接しなさい」と言い、神の愛の平等を説いた。「（愛が）偏らないようにしなさい。それができるならば四人まではよいが、できないならば一人にしなさい」と教えた。

私がそう言った理由は、別に、動物的な社会にしたかったわけではない。メッカとの戦いで、数多くの男たちが死に、生活が成り立たない子供連れの戦争寡婦がそうとう生まれていたので、「経済的に余力のある者が引き取る」ということを推し進めたわけだ。

これが一種の社会福祉であったことは間違いない。国家で救えなかったので、「（戦争寡婦の）生活を保護できる人は、引き取ってくれ」というようなことを言ったのが始まりだ。

ここを捉えて、ブッシュなどは、「悪魔の教えだ」というように言ったのだろうが、逆にチベットなど、「一妻多夫制」をやっている所だってある。男女の比率によって違うことは起きるだろうから、（一夫一婦制は）あまり厳密なものではないと私は思うね。

そのへん（一夫多妻制）が「悪魔の教え」のように決めつけられている。

幸福の科学による「キリスト教圏とイスラム教圏の和解」を

ムハンマド　要するに、ブッシュなどが、一方的に、残忍なまでに攻撃した根底には、確信的に、「イスラム教は悪魔の教えだ」と思っているところがあったと思うんだね。

だから、ドイツには原爆(げんばく)を落とさなかったのに、「黄色(おうしょく)人種の国には落としても構わない」と思って、日本には落とした。これは、白人と黄色人種の違いだ。

それと同じように、「悪魔の教えを奉(ほう)じているやつらは、本当なら、すべて滅(ほろ)ぼしてもよい」というぐらいの気持ちが裏にあることは感じていたので、幸福の科学が、「イスラム教は間違っているわけではない」と言ってくれているのは、とてもうれしい。この教えが広がることで、もし、キリスト教圏(けん)とイスラム教圏の和解ができるんだったらうれしいし、「両方とも神は同じだ」というところまでいくのならば、もっとうれしい。

私は、もともと、「神は同じだ」と言っていたのだが、キリスト教徒のほうがそれを認めなかった。ユダヤ教徒はキリストの神を認めなかったけど、キリスト教徒も、イスラム教の神を認めなかった。

最初、私は、ユダヤの預言者の流れのなかで、自分を「キリストに続く最後の預言者」と位置づけたが、それを認めてくれなかった。ユダヤの預言者や、彼らの言う神などを受け入れるのは、少し、うまくいかないので、私は、「直接アブラハムから出ているものだ」ということを言うようになった。

ユダヤ教の始まり、ユダヤ民族の始祖は、アブラハムだから、「アブラハムが、直接、指導をして、イスラム教もできたのだ」というようなことも言っているのだがね。

このへんの霊的なところは、（ユダヤ教徒やキリスト教徒には）よく分からないだろうから、あなたがたが、そういう神々の計画や、その違いのところを説明してくれて、「イスラム教は決して間違った教えではないのだ。しかし、こういうところは改革する必要があるから、このように改革しよう」と言ってくれれば、いいかもしれないね。

現代社会に合わなくなった「キリスト教の夫婦観や家庭観」

ムハンマド　まあ、夫婦問題のところは大きな問題だけど、キリスト教国にだって、この夫婦問題のところでの争いや苦しみはそうとうあるはずだね。昔の時代と今の時代は違うので、カトリック的なものの考え方が現代社会に合わなくなってきている。

例えば、女性が高学歴になり、いい職業に就いて出世を目指していくと、うまくいかなくなる。転勤があったり、夫婦の立場が変わったりして、〝乗り換え〟が数多く起きている。

そのように、難しくなってきているので、キリスト教の夫婦観や家庭観が完璧とは言えないし、夫婦ともに連れ子がいたり、あるいは、妻が前夫や前々夫の子まで連れていたりするなど、ややこしい家庭も数多く出てきている。

しかし、イスラム教では、こういうことがあまり起きないんだよね。イスラム教のほうでは、裕福な人だったら、奥さんが複数いる場合もあるけれども、自分の子供の面倒をほかの女性が見てくれたりするので、比較的、優秀な女性が働きに出やすいところはある。

だから、（イスラム教を「悪魔の教えだ」と）一方的に決めつけるのはどうかという感じはするので、このへんを、あなたがたがうまく取り持ってくれれば、イスラム教の改革をしつつ、キリスト教との融和を図ることも可能かと思う。

ダンテの『神曲』に見る「キリスト教の偏見」

ムハンマド　キリスト教圏では、ダンテが『神曲』のなかで、天国から地獄までの霊界の構造を書いているけれども、「ムハンマドは、地獄の最深部にいて、体のあちこちをたくさん斬られ、無残な姿で地獄の底を這っている」ということになっているでしょう？　四代目カリフのアリーも、同じように、「頭からあごまでを断ち切られ、むごい姿で地獄を彷徨している」というように書かれている。

これが、キリスト教の基本的な考えだ。「キリスト教以外では、一切、救われず、あとの宗教は、仏教もイスラム教も、すべて地獄行き」という、こんな宗教は明らかに間違っている。心がとても狭いよね。

このアリーというのは、あなたがた幸福の科学の大川総裁の三男（大川裕太）だよ。三男が「地獄に堕ちている」と言われているんだから、これは反撃しなければいけないよ。

「（『神曲』で）ムハンマドと一緒に並べられている」ということは、「アリーにも、よほど力があった」ということだからね。やはり偏見がそうとうある。ここを直したいね。

キリスト教のなかにも間違いはあると思うので、このへんは、両方に、きちんと修正をかけてもらいたい。

「キリスト教を通さずしては、天国に行けない」というような言い方は、やはり、後世の教会が飯を食うためにつくった教えだと私は思うね。これは、一種の、ずるい囲い込みだよね。

ただ、これは、イスラム教で言えば、「改宗すれば死刑にする」というようなものなので、人のことを言えないところはある。お互い、どうしても、そういうところはあるので、もう少し、自由に競争して選べるようなものが要るのかな。

イスラム教にも「信教の自由」はあまりないのかもしれないけれども、当初の、教祖である私の考えでは、キリスト教徒も認めていたわけだ。

まあ、少し、ずるをしたところがあるとすれば、それは、「イスラム教徒には税金を免除するが、キリスト教徒には税金を免除しない」とか、そういう差をつけて改宗を勧めたところだ。それは事実だけども、ほかの宗教に対して寛容なところはあったので、そのへんは分かってほしいと思うね。

ガブリエルやムハンマドの霊言をアラビア語で出せばよい

ムハンマド　あなたがたにとって、イスラム教は少し怖いだろうけれども、イスラム教徒には、「霊言型宗教」は極めてよく分かるので、まずは、本などで、彼らが理解できるようなものを出し、それを伝えたらよいと思いますね。

私は、「ジブリール、つまりガブリエルから通信を受けて『コーラン』を編んだ」というように言っているので、いっそのこと、「ガブリエルの霊言」をアラビア語で出したらよいのではないかな。

もちろん、「ムハンマドの霊言」もありえるけども、殺しに来るかどうか、怖くてしかたがないんだろう。でも、いちおう文明化しているので、すぐには殺しに来ない。予告してから殺しに来るから大丈夫だよ。だから、ＳＰをつけたらいい。それで大丈夫だよ。

まあ、いずれ死ぬこともあるから、そのときは、そのときだよ（会場笑）。そういう輩が出てこないとは言えないが、日本にだって「左翼のテロ」も「右翼のテロ」もあるわけだから、どこにもあるんだよ。

だから、殺される危険があるかどうかは、国際局長が先に伝道に行って確認すればいい。国際局長が殺されるかどうかを見てから、総裁が行けばいいわけだからさ（会場笑）。

殉教者が出ないのは、本気で伝道していない証拠？

ムハンマド　まだ、殉教者は出していないんだろう？　それでは、あなたがたは尊敬されないよ。キリスト教でもイスラム教でも殉教者は出ているんだよ。幸福の科学では、まだ出ていない。だから広がらないんだよ。

それは伝道に熱心でない証拠で、自己保身が少し強すぎる。やはり、華々しく殉教者を出すと、ＰＲ効果が大きくて、伝道はすごく進むんだよ（会場笑）。

だから、多少、志願制にし、なるべく家族に負担がない人を選んで、殉教者に仕立て上げ、送り込む。そして、一生懸命、「ムハンマドの霊言」や「ガブリエルの霊言」などを中心に布教させ、華々しく撃たれるところをＣＮＮで流してもらうとかね（会場笑）。

そうすれば、あっという間に、世界中でハッピー・サイエンスは有名になるよ。これは、〝広告代〟としては、すごく安いよ（会場笑）。身内がいない人ならば、葬式代しか要らないから、簡単だよね。

要するに、「殉教者が出ない」ということは、本気で伝道していない証拠だよ。日本の宗教だって、殉教者はたくさん出ているでしょう？　平和の教えである仏教でも、時の権力や旧い宗教からやられているけど、ここまで（幸福の科学には）何も出ていないのを見ると、これは、そうとう甘い証拠だと私は思うね。

だから、できれば、独身の人と独身でない人とに分け、「独身で、今のところ結婚の予定がない」という国際局員を、どんどん中東に送ったらいいよ。その人たちには保険金を先払いしてもいいと思うね。

市川　ありがとうございます。国際局員一同、不惜身命で、地の果てまでも伝道してまいります。

ムハンマド　そう、「不惜身命」だよ。それを実践している人が誰もいないから、いけないいんだよ。

まあ、（殉教者を出して）日本人をちょっと激怒させなければいけないね。

市川　はい、かしこまりました。世界の平和と愛のために……。

幸福の科学が目指すべき伝道の目標は「とりあえず十億人」

ムハンマド　でも、イスラム教は霊言宗教だから、理解されやすいと思う。

キリスト教では、イエスが少し病気治しなどをしたこと以外、霊現象は、あまり大したことがないいんだよ。あとは、「復活した」とか、「物を出した」とか言うが、「本当かどうかは分からない」と、みな思っている。病気治しぐらいは本当だと思っているけれども、病気治しをする宗教なんか、たくさんあるからね。

だから、イスラム教のような霊言型宗教については、キリスト教徒はあまり理解していないんだが、（イスラム圏では）幸福の科学の理解者は増えて、きっと広がると思うね。

市川　本日は、いろいろと貴重なご教示を頂き、ありがとうございます。今後も、地の果てまでも、ハッピー・サイエンスを広げてまいります。

ムハンマド　頑張（がんば）ってください。目標は、とりあえず十億人ね。

市川　はい。十億人ですね。

ムハンマド　うん、とりあえずね。頑張ろうね。

市川　はい。頑張ります。本日は、どうもありがとうございました。

ムハンマド　はい。

大川隆法　それでは、このくらいにしましょうか。

第2章 イスラム教四代目カリフ・アリーの霊言(れいげん)

二〇一二年四月八日　収録

東京都・幸福の科学 教祖殿(きょうそでん) 大悟館(たいごかん)にて

アリー・イブン・アビー・ターリブ（六〇〇ごろ～六六一）

イスラム教の四代目正統カリフ（「代理人」の意味）で、シーア派の初代イマーム（「指導者」の意味）。イスラム教の開祖ムハンマドの従弟（いとこ）であり、その養子となってムハンマド夫妻（ふさい）に育てられ、夫妻の愛娘（まなむすめ）と結婚（けっこん）した。若いころより教団の代表的戦士として活躍（かつやく）し、のちに四代目の正統カリフとなるが、教団内の対立によって暗殺された。彼の血統を教団の正統とみなす人々がシーア派である。

質問者　※質問順

岩本尚之（いわもとたかゆき）（幸福の科学宗務（しゅうむ）本部担当副理事長）

秦陽三（はたようぞう）（幸福の科学常務理事 兼（けん） 宗務本部庶務（しょむ）局長）

大川裕太（おおかわゆうた）（大川隆法 三男・高2）

［役職等は収録時点のもの］

1　四代目カリフ・アリーの考えや人物像を探る

国際情勢を考える意味で、イスラム教系の光の天使を招霊したい

大川隆法　世界の紛争で、今、北朝鮮やイランが問題になってきています。イランについては、イスラエルとの紛争も大きな問題ですが、その背景にはイスラム教があります。ただ、西洋世界、キリスト教世界には、イスラム教を十分に理解してはいないところもあります。

われわれ日本人も、イスラム教については、世界史の授業で少し習ったことがある程度で、そのあとは、ほとんど忘れてしまっており、知識があまりないため、「何がどうなっているのか、よく分からない」という思いはあるでしょう。

今問題になっている、イランという国では、イスラム教のシーア派が国教になっ

ています。

イスラム教は、大きくはシーア派とスンニ派（スンニー派やスンナ派ともいう）の二つに割れているのですが、現時点では、全イスラム教徒のうち、シーア派は十五パーセントぐらい、スンニ派が八十五パーセントぐらいで、シーア派のほうが少数になっています。

イラク戦争当時のイラクの指導者サダム・フセインはスンニ派でした。

日本人にはイスラム教系の歴史的人物の名前がよく分からないので、当会の霊言（れいげん）では、今のところ、まだ、ムハンマド（マホメット）しか出していないのですが（収録当時）、「これでは人数が足りない。イスラム教にも光の天使がもっといるだろう」という意見もあるでしょう。

そこで、今日は、その数を増やそうと考えています。国際情勢を考える意味でも、イスラム教系の歴史的人物について、少し探（さぐ）りを入れておいたほうがよいのではないかと思うのです。

「イスラム教の正統カリフは四代目までだ」と言われていますが、今日は、その四代目カリフのアリーの霊言を録れるかどうか、挑戦してみたいと思います。

男性のイスラム教徒の第一号で、カリスマ性があったアリー

大川隆法　霊言収録の前に、簡単に解説をしておきます。

イスラム教は、メッカのクライシュ族のムハンマドが、四十歳ごろに、洞窟で『コーラン』のもとになる啓示を受けて始まりました。

クライシュ族の宗教は、あとでイスラム教から排撃される、偶像崇拝的な多神教でした。そのため、ムハンマドは迫害を受け、メッカからメジナに逃れていったのです。

ムハンマドの教えを最初に信じたのは、当然ながら、彼の身内でした。

一番目の信者、ムスリム（イスラム教徒）の第一号は女性で、ムハンマドの最初の妻であるハディージャだと言われていますが、男性のムスリムの第一号で、二番

目の信者だと思われるのは、今日、これから出てくる予定である、四代目カリフのアリーだと言われています。

　ムハンマドは、早くに父も母も亡くしたため、叔父に引き取られて育てられたのですが、その叔父の息子が、このアリーです。

　アリーは、ムハンマドより三十歳ぐらい年下なので、この二人は年の離れた兄弟のようでもあり、父子のようでもある年齢関係でしたが、このムハンマドの養子になりました。また、ムハンマドの愛娘であるファーティマと結婚したので、ムハンマドの義理の息子でもあります。

　その叔父自身は、イスラム教を理解はしたものの、改宗するところまでは至っていなかったのではないかと思われます。

　ムハンマドの親友である、アブー・バクルという人が、ムハンマドの死後、初代カリフになるのですが、この人には、アーイシャという愛娘がいました。最初の妻であるハディージャが亡くなったあと、このアーイシャが、ムハンマドにとって、最も若く、最もかわいがった奥さんになりました。要するに、最愛の妻の父で、自分の親友だった人が、初代のカリフになったのです。

アリーのほうは、養子として、ムハンマドとハディージャに育てられたので、すでに述べたように、ムハンマドの息子のようでもあり、また、兄弟のようでもある関係でした。

このアリーは、かなりカリスマ性のあった人のようです。

イスラム教徒たちとメッカのクライシュ族との戦いでは、戦闘が始まる前に、両軍の代表選手のような戦士が出て、まず一騎討ちを行いました。昔の日本のようですが、「最も強い人同士が両軍の目の前で戦ってみせる」というデモンストレーションを行うのです。

そのとき、ムハンマドの側は、いつも、このアリーを出して戦わせました。アリーは、かなりの長身で、がっしりした体格の若者であり、戦いに強かったらしいのです。そのため、いつも、イスラム側の代表として、アリーが最初の戦闘をしていたようです。

ムハンマドは、五七〇年ごろの生まれで、四十歳ぐらいで悟りを開いたことになっていますが、そのムハンマドに対して、六二二年にクライシュ族が暗殺団を送りました。

しかし、そのとき、ムハンマドは、すでに脱出しており、ムハンマドのベッドに身代わりで寝ていたのはアリーでした。アリーは、それくらいの自信と責任感のある人だったらしく、暗殺団は、ムハンマドを殺しに来たのに、そこにいたのはアリーだったので、そのまま立ち去ったそうです。

血統をめぐって二派に分かれたイスラム教

大川隆法　ムハンマドは、最後にはメッカ軍に勝ち、名実ともに、国の指導者というか、「教祖」兼「国家元首」のような立場になって亡くなりました。
ムハンマドの死後、アリーは、一生懸命、ムハンマドの葬儀を準備したのですが、それに時間を取られ、忙しくしている間に、別の場所で後継者会議を開かれてしまい、アリーが知らないうちに、ムハンマドの親友だったアブー・バクルが初代のカリフに選ばれました。

カリフとは、〝ムハンマドの代理〟としての政治的・宗教的指導者のことです。

当時、アブー・バクルは六十歳ぐらいであり、アリーは三十歳ほどだったので、六十歳ぐらいの人が後継者に立てられたのは、理解できないことではありません。

そして、アブー・バクルの次には、やはりアリーより年長の人が二代目カリフになりました。三代目には七十歳ぐらいの人がなりましたが、この人は、やがて暗殺されています。

そのあと、四代目で、やっとアリーがカリフに就任しました。ムハンマドが生きていたときには、その片腕をしていた人が、ムハンマドの死後、三人の人がカリフを務め、二十五年ぐらいたってから、ようやくカリフとして立ったのです。

ところが、そのときには、もうアリーは五十代の後半になっていました。彼は六十一歳ぐらいのときに亡くなったので、数年しかカリフを務めておらず、その死後、彼の息子が跡を継ぎました。

これがシーア派です。血統を重視し、アリーの系統を「正統だ」と考える人たちがつくったのがシーア派ですが、それとは分かれていった人たちもいて、そちらがスンニ派と言われています。

大まかに言うと、このようになります。

ムハンマドが、その教えのなかで、「私が最後の預言者だ。神は、私のあとには、もはや預言者を送られない」というようなことを言ったため、アリーは、預言者のようなカリスマ性があるがゆえに排除されたようです。「預言者は、もう出ないことになっている」というような理由で、カリフ就任を三代も飛ばされたわけです。

そして、これがイスラム教内部での大きな抗争のもとになっているようです。正統カリフは四代目のアリーが最後であり、それ以降、イスラム教は二派に分かれたのです。

イランは非常に大きな宗教的磁場の一つ

大川隆法　今、イランが問題になっていますが、イランは、過去、ゾロアスター教やマニ教など、大きな宗教が幾つも生まれている、非常に大きな宗教的磁場の一つです。イランやイラクには大きな宗教がよく起きるので、あのあたりには霊的に大きな意味合いがあると思いますが、今は、どのような感じになっているのでしょうか。それを探ってみたいと思います。

アリーは、おそらく、日本語で会話ができるレベルの人だろうと思うので、質問は日本語で大丈夫でしょう。

アリーの霊言にイスラム圏の人は衝撃を受けるでしょうか。今、イランの人のなかにも、ある程度、幸福の科学の会員がいるようです。彼らが考えていることと、今回の霊言の内容とが、同じか、同じでないか、いまひとつ分かりませんが、彼らにとっては、かなり衝撃的なものになるかもしれません。

ちなみに、シーア派の僧職者は、偉くなるほど、真っ黒い服を着て、地位が下の人ほど服装が白くなってくるらしいのです。（当日着ていた、明るい色の服を示して）今日の私の服装はドバイの観光客の服装に近く（会場笑）、シーア派の僧職者であれば、あまり偉くない姿なのですが、私の服を準備する人には、シーア派の慣例がよく分からなかったようです。

日本人の理解は、この程度なので、ご容赦願いたいと思います。本来は、忍者のような黒い格好をしてこなければいけなかったのかもしれません。

前置きは以上です。

イスラム教四代目カリフ・アリーを招霊する

大川隆法　今日だけでは、詳しいところまでは分からないだろうと思うのですが、イランの問題を考える前に、とりあえず、「イスラム教の根っこのところにいる、アリーという人は、どのような人なのか」ということを調べ、その考えや人物像などを探り出せれば幸いかと思っています。

それでは始めましょう。

「イスラム教四代目カリフ・アリーの霊言」を収録したいと思います。

（大きく息を吐く。合掌し、瞑目する）

全知全能のアッラーの御名において、イスラム教四代目カリフ・アリーを招霊いたします。

アッラーの御名において、四代目カリフ・アリーの霊言をしたいと思います。

（約十五秒間の沈黙）

2 アリーの自己評価と現在の中東情勢

霊的素質を持つアリーが「二代目」になるべきだった

アリー ウーン。アア。ウン、ウン。アッリーです。

岩本 イスラム教四代目カリフ・アリー様、本日は、大悟館にご降臨いただきまして、まことにありがとうございます。

アリー うん。

岩本 現在、イスラム教国であるイランの核開発問題で、世界中が揺れておりますが、当会といたしましては、中東問題をよい方向に持っていけるような考え方を、世の中に発信していきたいと考えております。

ただ、イスラム教に関する、私たちの理解や知識は、まだ十分ではございませんので、今回、アリー様より、いろいろとお話を伺いたいと存じます。

アリー　うん。

岩本　まず初めに私のほうから質問させていただきます。

ムハンマド様がイスラム教の布教を開始したとき、アリー様は、ムハンマド様の奥様であるハディージャ様に次ぐ、二番目の信者となられました。アリー様のお人柄については、「直情で、人情に厚く、武勇に優れていた」と伺っております。

アリー様は、生前、ムハンマド様をお護りになるなど、数々のご活躍をなさいましたが、特に印象深いご活躍のことや、当時のお気持ちなどを、お聴かせいただければと存じます。

アリー　私は二代目になるべきだったと思います。私が直系の直弟子ですからね。本来、私が二代目になるべきでした。

私は霊的な素質も十分に持っておりましたので、宗教的に見れば、私が直接に継ぐべきでしたが、霊的素質のない人が、カリフとして、初代、二代、三代と入ったため、イスラム教は宗教として迂回した感じになったのではないでしょうか。私でしたら、直接そのままアッラーの言葉を引き継ぐことができたんですけどね。

先ほども話があったように、宗教的な問題ではなく、年齢の問題や保身など、この世的なものが原因で、私がカリフに就くのは二十五年も遅くなり、晩年の数年しか務めることができなかったのは残念です。

また、「六十歳を過ぎてから暗殺される」という最期になりましたが、こういうことによって、イスラムの血なまぐさい歴史が始まったように感じます。

アリーなくして、戦での勝利も、イスラム教の成立もなかった

アリー　私は、若いころには、体がすごく強く、代表的な戦士として、「バドルの戦い」や「ウフドの戦い」等、メッカ軍との戦いにおいても大きな功績を挙げ、ムハンマド軍の若き将軍のような役割にあったかと思います。私なくして戦での勝利はなく、イスラム教の成立はなかったのではないかと思います。

「バドルの戦い」のときには、イスラム側は三百人ぐらいで、メッカ側は千人ぐらいでしたし、そのあとの「ウフドの戦い」では、両方とも人数が増え、向こうは三千人ぐらい、こちらは千人弱でしたから、いつも三倍以上の敵を相手にして戦いました。

一回目の「バドルの戦い」では圧勝し、「これがアッラーの力だ」と言っていたのですが、二回目の「ウフドの戦い」では、こちらの三倍以上の三千人で攻められ、ムハンマド様はケガをなされましたし、当方には負傷者がかなり出ました。

そのため、「アッラーが指導されていても、これだけ被害を受けることがあるのか」と思い、イスラム教徒たちに、多少、宗教的な迷いも出たのですが、「『アッラーの恩寵が臨むか、臨まないか』ということは、地上の人たちの態度にもよるのではないか」という考え方が示され、以後、そういう考え方がイスラムでは主流になったわけですね。

「アリババと四十人の盗賊」ではありませんが、当時の人たちにとっては、戦争をしても、いつも、戦利品を分け合うことのほうに関心があり、そのことばかりを考えているような状況だったのですが、そういう態度のせいで、「ウフドの戦い」では多少の被害が出たのではないかと思います。

いずれにしても、圧倒的に優勢だったのはメッカ軍であり、われわれは、難を逃れて「ヒジュラ（聖遷）」を行い、マディーナ（メジナ）に移りましたが、最終的には、メッカを制圧し、統一を果たしたのです。

そのあと、本当は私が二代目になるべきではあったのですが、イスラムの各部族は、まだ、ムハンマドに対して誓いを立てていたというか、いわゆる帰依をしていましたし、当時、イスラム教には、もう分裂の兆しが出ていたので、「人々が後継者として年長者を立てた」ということを、私は、二十五年ぐらい、ある程度、受け入れていたわけですね。

ただ、このへんが、イスラム教が分かれていくもとになったのではないかと思っております。本来、私が二代目をやらねばならない立場にあったと考えています。

イスラム教には、日本人からは、「よく戦争をする宗教」というように見える面もあるでしょうし、キリスト教徒からも、そのように見られているところはあると思うのですが、教団としての立ち上がりの時期に、圧倒的に優勢な敵というか、旧い宗教を持っているメッカの勢力から攻撃を受け、ムハンマドの命を何度も狙われていたので、メッカ軍との戦いは、やむをえない正当防衛だったと思います。

そういう状況のなかで、軍事的な才能もあった私がいたことが、やはり、イスラム教が成立した大きな理由の一つかと思っております。

私の自己評価は、そんなところです。

「キリストを信じないユダヤ教徒」をなぜ欧米圏は守るのか

アリー　「現在のことについて、どう考えるか」と問われると、これに関しては、時代が違うので、何とも言いかねるところもございますが、主権国家であるならば、「どのように国家防衛を考えるか」ということは、国としての主体的な問題かと思っております。

イスラエルという、戦後できた人工国家があります。アラブの土地を割譲してもらい、英米が後押しをしてできた人工国家であり、ユダヤ教の国です。

英米は、ヒトラーによる、ユダヤ人の大量虐殺を気の毒と見て、彼らに祖国をつくらせてやったわけですが、アラブ諸国、イスラム教圏のなかに、本来なら、もうとっくに滅んでいてもよいはずのユダヤ教の国ができたため、それが火種となって、中東戦争が繰り返し何度も起きました。

他人が住んでいる所から住民を追い出し、国を建てたわけですから、戦争は、当然、起きるべきことです。

このイスラエルは、実は核武装をしているんですよね。小国であるイスラエルが核武装をしておりながら、周りにあるアラブ諸国では、一国も核武装をしていないため、イスラエルは一方的に周りのアラブの国を攻撃して滅ぼすことができます。そういう状態なのです。

現在、欧米圏は、イスラエルに対し、軍事的なものについても、ずいぶん供与しているので、アラブの側のほうで防衛を考えるのも一つの選択だと思うんですね。

しかし、強国になっていたイラクが、アラブの盟主になろうとしたら、イラクは欧米に潰されてしまいました。

もともとは、イランが強そうだったので、アメリカは、イラクを援助して強くし、イラクにイランを牽制させようとしていたのですが、それをサダム・フセインが誤解し、「アメリカと親交関係があるので大丈夫」と見て、クウェートに戦争を仕掛けたため、湾岸戦争が起きました。そして、湾岸戦争とイラク戦争という二回の戦争の結果、フセイン政権は滅ぼされてしまったのです。

そういうことがあったので、イスラム圏には、基本的に、欧米に対する不信感がかなりあります。アメリカは、イラクを認め、大きくしておいて、そのあと、イラクを潰しに入ったわけです。

アメリカは今もイスラエルのほうを応援しているので、「場合によっては、アラブ諸国やイスラム教を滅ぼしたいと思っているのではないか」と感じられますし、「イスラム教自体について、『悪魔の教えだ』と本当は思っているのではないか」と思える節もあります。

ただ、ユダヤ教徒だって、結局、キリスト教を信じなかった人たちの〝居残り〟ですからね。本当は、キリスト教に改宗すればよいのですが、キリストを信じなかった人たちが、今も残っていて、まだ国をつくっているわけです。

二千年たってもキリスト教を信じない頑迷な人たちを、そこまでして守る必要が本当にあるのかどうか。世界中のユダヤ人をかき集めても、一千五百万人程度しかいません。そのくらいの国のために、どうして、アラブ全体が、いつも戦争の危機に巻き込まれなくてはいけないのか。やはり、私には疑問があります。

アメリカは、彼らをかわいそうだと思うのであれば、むしろ、ネバダ砂漠かどこかに場所を空けて、国をつくらせてやればよかったのです。砂漠地帯であることは同じですから、そこに受け入れればよかったわけですね。

ところが、イスラエルをイスラム教諸国のなかにつくってしまいました。そのため、この紛争は、最終決着がつくまで続きます。それは明らかでしょう。

イランに核武装させないなら、イスラエルは核武装を解除せよ

アリー　イランが核武装の準備をしているから、「けしからん」と言って、今、世界的な非難が起きています。でも、イスラエルが先に核武装をしているのです。

「イランは核武装をしない」ということも、選択肢として、あってもよいのですが、

それだったら、イスラエルだって核武装を解除しなければいけないと思うんですね。イスラエルは、アラブ諸国にとって、すごく近隣の国なのです。このイスラエルに対して、アメリカやイギリスはジェット戦闘機を売りつけたりしていますが、そのジェット戦闘機が飛んできて、核ミサイルを撃ち込まれたら、アラブの国は、どこだって、あっという間に滅ぼされてしまいます。

イスラエルの軍事力は非常に強く、「アメリカに次ぐ」とも言われているぐらいです。その上に核武装までしている国が、アラブ諸国の近隣にあるわけです。

イスラエルという、ちっちゃな国に住んでいる人は数百万人しかいません。しかし、「イスラエルは核武装をしているのに、アラブの側は、インティファーダ（民衆蜂起）と言って、石つぶてを投げて抵抗運動をしている」という状況ですよね。だから、非常に不公平なのです。

イランに対して、「核武装をしないように」と言っても構いませんが、同時に、イスラエルのほうにも核を撤去させるのが国際正義だと私は思っています。

「あちらのほうはオーケーだが、こちらのほうは絶対に核武装をするな」ということであっては、われわれにとって、奴隷(どれい)階級に落とされるのと、ほとんど同じことですよね。これは不公平だと思います。

イランは、日本に対する、最大の石油供給国の一つでもあり、日本の石油輸入量の十パーセント以上を占(し)めていたことがあるかもしれません。だから、イランは親日感をすごく持っている国なのです。

日本は、今、アメリカなんかと同調して、イランに制裁を加えようとしていますが、私は、「日本が、もう一段、力をつけ、イランとイスラエルとを仲裁(ちゅうさい)してくださってもよいのではないか」と感じています。

結局、根本(こんぽん)にあるのは何かというと、ユダヤ教寄りのキリスト教右派が、「イスラム教は悪魔の教えだ」と思っていることです。それが背景にあります。彼らは、「だから、本当はイスラム教を滅ぼしてもよいのだ」と考えているのではないでしょうか。そのように私は思っています。

3　中東問題を、どの方向に持っていくべきか

「出エジプト」のあと、ユダヤ人は先住民の土地を奪い取った

岩本　今おっしゃった、中東にかかわる根深い問題を、アリー様は、今後、どのような方向に持っていこうとお考えなのでしょうか。

アリー　別に、イスラエルの国民が全部死んでくれなくてもよいのですが、どこか、親和性のある所に移動していただくのが、いちばんいいんですよ。

アラブの住民が住んでいる所を、わざわざ空けさせて、国をつくったんですからね。それは、他人の敷地のなかに家を建てたようなものなので、もともとの権利者が怒るのは当たり前のことですよね。

『旧約聖書』に書かれていますが、昔、ヤーウェは、「乳と蜜の流れるカナンの地を約束する」と言って、奴隷になっていたイスラエル人たちに「出エジプト」を行わせ、約束の地へ導いていきました。

神が約束したカナンの地とは、今のガザ地区付近のことです。ただ、ここには、もうすでに先住民が住んでいたわけであり、別に空き地ではなかったんですね。人が住んでいる所を、「あげる」と神が約束したものだから、戦争が起きたわけです。そして、イスラエル人は、その地を奪い取りました。

モーセは奴隷民たちを連れてエジプトを脱出しましたが、彼は、そのカナンの地に入る前に死んでいます。そのため、二代目であるヨシュアが、人々を連れて入り、国を建てました。

だから、彼らの国は、最初から略奪でできた国なのです。

国家滅亡から千九百年後に、「ふるさと」に建国したユダヤ人

アリー　その後、彼らの国は何度も外部から侵攻を受けましたが、イエスのころまでは国がありました。

しかし、イエスが処刑されたあと、その祟りがあったのかどうか知りませんが、結局、ローマに滅ぼされました。イエス処刑の四十年後、西暦七〇年前後に、マサダの砦で最後の戦いがあり、砦の兵士たちが全滅して、イスラエルという国は、なくなってしまいました。そして、ユダヤの民は全世界に散ったんですよね。

イエスを捕まえたあと、彼を処刑する前に、ピラト（ローマのユダヤ総督）は、広場で、ユダヤの民に、「おまえたちの王を本当に十字架に架けてもいいのか」と問いました。しかし、彼が責任を取りかねていたときに、ユダヤの民は、「その血の呪いが、われらにかかっても構わない」というようなことを言ったのです。それが『新約聖書』に載っているはずです。

そして、結局、〝呪い〟がかかったわけですね。

その後、ユダヤ人は、千九百年間、国がなくて世界各地を流浪しました。シェークスピアの『ベニスの商人』には、主人公のポーシャ姫に懲らしめられる、金貸しのユダヤ人が出てきます。あのように、ユダヤ人は、見苦しい金貸しとして、ずっと軽蔑され続けていました。彼らは、だいたい、金貸し、金融業で食べており、金銀財宝だけを頼りにし、世界各地に散って生きていたわけです。

しかし、ヒトラーが出てきて、ネロ帝の復活よろしく（注。ヒトラーの過去世はローマの皇帝ネロである）、ユダヤ人を六百万人も大虐殺したため、「かわいそうだ」という同情論が起きました。

その前に、イギリスではシオニズム運動も起きていましたが、これは、ユダヤ人にとって、要するに、「ふるさとへ帰ろう」「元に戻ろう」という運動ですね。そういう運動が起き、アングロサクソンの強い後押しを受けて彼らは国を建て、それを世界が承認しました。それがイスラエルの建国です。一九四八年のことでした。

それ以降、中東戦争は第四次ぐらいまでありましたでしょうか。中東戦争は何度も起きています。

今、イスラエルは、ますます近代化し、お金を貯めています。

また、ユダヤ人はアメリカの金融の中枢に入り、金融とメディアを押さえています。そのため、アメリカの金融街やメディアは、イスラエル寄りの言論を発信し、イスラエル寄りの経済政策を支持しています。イスラエルには、そういう〝スポンサー〟が付いている状態になっていますよね。

イスラム教国とイスラエルの「最終決戦」は近い？

アリー　ただ、歴史をもう少し正確に読んでいただきたいのですが、彼らは、イエス・キリストを売り飛ばした民族です。本来メシアであるイエスを売り飛ばしたのです。

一方、イスラム教は、イエスをメシアとは言っていないかもしれませんが、「イエスも重大な預言者である」と言っていますし、ユダヤの預言者たちをも認めています。すでにあるものを認めた上で、「ムハンマドが最大の預言者として現れた」という思想を持っているわけです。

イスラム教は、『旧約聖書』も『新約聖書』も特に否定しているわけではない、とても寛容な教えですが、先にできたキリスト教のほうは、自分たちは迫害されたのに、イスラム教ができてからは、それとライバル関係になり、イスラム教を認めようとしません。そして、十字軍も含め、さまざまな争いが起き、もう千数百年近い歳月が流れたわけですね。

最終決戦は近いのだろうと思っています。いずれ最終的な決着をつけないといけないことになると思います。

イスラエルのほうが勝てば、「アラブの国の国民は、要するに、奴隷階級というか、二流国民としてイスラエルに支配される。ユダヤ教にイスラム教が支配される」というかたちになるでしょう。

逆に、イスラムが勝てば、イスラエルという国はアラブから消えてしまいますね。イスラエルは、もし救済されるのでしたら、どこか広大な土地がある所にお移りになるとよいでしょう。オーストラリアの砂漠なり、アメリカの砂漠なり、空いている所はあるので、そちらのほうにお引き取りください。何百万人かぐらいの国だったら、つくれるでしょう。

あのソルトレイクシティをつくったモルモン教徒のように、どこかでつくればよろしいのです。戦いが起きない所、要するに、周囲がユダヤ人を許容している所に、お移りになるのが、よろしいのではないでしょうか。

私は、そのように思うんですけどね。

その程度の人数の国民でしたら、本当に、シンガポール程度の広さの島でもあれば、十分に生活はできるので、どこか、問題のない所を選んで、お移りになったらよいと思います。

イランへの経済制裁は、宗教的な歴史に照らして「正義」なのか

アリー　われわれのほうとしては、「一方的に二流国民として支配される関係に入る」ということには耐えがたいのです。

今、国際社会は、日本も足並みを合わせて、イランに対する制裁に入っています。アメリカの権威に恐れをなし、イランからの原油輸入の削減に入っているのですが、「はたして、それは正義に適うのかどうか」ということを、宗教的な歴史に照らして、もう一回、考えていただきたいと思います。

たぶん、イスラムの歴史を知らないで、それを行っているでしょう。イスラムの歴史なんか、全然、勉強していませんよ。

十字軍は、一方的に、キリスト教の英雄的な行為としてだけ描かれていますが、あれだって、キリスト教徒のほうから攻め込んできたわけですから、普通に言えば、イスラムのほうは防衛戦を行ったのです。通常、「防衛する側が正しい」というの

が神の考えなのに、イギリスなどから攻め込んできた人たちのほうが、英雄扱いをされているような状況です。

中世においては、イスラム教が非常に興隆したので、それに対する嫉妬もあったのだろうとは思います。あとから来る優れたものは必ず嫉妬されるので、それもあったのでしょう。

今は、幸福の科学が、すべての宗教を受け入れようとしていますが、イスラム教も、かつては、そういう寛容な立場でした。ただ、先にあるものが敵対してきたため、寛容な立場を維持できなくなったのです。そのことを知っていただきたいんですね。

私は、「なるべく正義が確立されますように」と願っています。

岩本　ありがとうございます。イスラム教に関する理解が少し深まったような気がいたします。

アリーの魂グループは「エル・カンターレの片腕」

岩本　アリー様は、今、霊天上界において、やはり、イランなどのイスラム教国を中心に、ご指導をなさっているのでしょうか。

また、もし差し支えなければ、アリー様とアッラーの神とのご関係などについても、教えていただけますでしょうか。

アリー　もちろん、イスラム教自体は、まだ現在進行形で活動しているので、「まったく、かかわりがない」ということはありえません。指導が必要ですから、かかわってもいます。

ただ、私の魂は、もう少し大きなものなのです。

魂のグループとして見た場合、実を言うと、私は、キリスト教圏にだって生まれたこともございますし、仏教圏にも生まれていますし、日本神道のほうでも中心的な立場にあります（注。アリーの魂グループには、日本神道の中心神である天御中主神のほか、釈尊の息子ラーフラ、平安時代を拓いた桓武天皇、オーストリアの女帝マリア・テレジアなどがいる）。

そういう大きな魂なので、「私自身はエル・カンターレの片腕のような存在だ」と自分では思っております。

4　イスラム教の発展理由と現在の課題

イスラム教の誕生は「神の意志による宗教のイノベーション」

岩本　（秦に）では、質問をお願いします。

秦　本日は、ありがとうございます。

お話の内容において、現代のことが中心になってまいりましたが、かつての時代に話を戻させていただきます。

アリー様が亡くなられたあと、宗派間の対立のようなものがございましたが、それでも、イスラムの教えは、中東全域に広がり、さらに、それを超えて広がってまいりました。

なぜ、当時、イスラム教は、それほどまでに広がっていったのでしょうか。このあたりについて教えていただければと思います。

アリー　イスラム教は、今では古くなりましたが、当時においては、やはり、非常に新しい教えだったと私は思うんですね。

キリスト教は、スタートにおいては悲惨でしたからね。イエスの処刑から始まっているので、マイナスからのスタートであり、弟子たちも数多く虐殺されながら、二百年、三百年とかかって広げていった宗教です。そういう〝悲しみの宗教〟として立ち上がっていったわけですが、そのわりには、異端審問をそうとう行い、異端を排除しながら、教会制度によって、だんだんに固めてきたわけです。

もちろん、七世紀にイスラム教ができなければ、キリスト教は、そのままで行けたかもしれません。しかし、キリスト教にも、やがて中世になると、「暗黒時代」と言われる時代が来ています。そのように、宗教が古びてくると、必ず人々の頭が固くなって、うまくいかなくなることがあるんですね。

そういう意味では、イスラム教は、神の意志により、「宗教のイノベーション」として起きたものだと思うんですね。

その前には、マニという方も地上に送られています。三世紀ごろには、本当に一時代にして世界宗教化したような宗教を起こした、強力な人も出したのです。マニが生まれたのはイランあたりだと思います。しかし、マニ教は、結局、キリスト教などに滅ぼされてしまいました（注。マニ自身はゾロアスター教徒によって殺されている）。

マニは、ものすごく悲惨な最期を遂げております。皮剥ぎの刑で、全部、皮を剥がれました。これはアメリカ・インディアンの戦い方ですよね。当時の人々は、そういう悲惨なかたちで救世主を殺すことまでしています。

ムハンマドやアリーはユダヤ教の「メシア」の概念に該当する

アリー　イスラム教は、立ち上がりの時期においては、メッカの人々から攻撃され、いったん、（メジナに）退避しましたが、再度、チャレンジし、ムハンマド生存中にメッカを奪取しています。メッカで起きた宗教なのに、少数派だったため、メッカから追い出されたのですが、それにもかかわらず、もう一回、力をつけて、メッカを制圧したのです。

したがって、ムハンマドは、「生きている間に、宗教を起こし、政治的にも指導者として国をまとめる」という、ある意味での快挙を成し遂げました。

彼は、四十歳ぐらいから神の声が聞こえるようになり、それでイスラム教を始めたにもかかわらず、自分が生きている間に、国家元首になるところまで行きました。まったくのゼロからというか、私という身内が弟子であったところから始め、一代にして国家元首まで行き、数々の戦にも勝ったのです。

要するに、イエスができなかったことを行ったんですね。神の声が聞こえた。そして、戦いに勝った。これは、古代のイスラエルやユダヤ教におけるメシアの概念（がいねん）に、ぴったり合っているんですよ。

あの地域のメシアは、政治的指導者として、民族を守るために戦い、勝たなければいけないのですが、イエスは戦いに勝てませんでした。彼は、教えを「心の世界」のほうにだけ持っていき、自分が政治的指導者になることを拒否（きょひ）したのです。

この姿勢が西洋における二分法になったわけであり、「政教分離（ぶんり）」のもとになったのはイエスだと思います。「この世」において勝てないので、主として、「あの世の世界」のほうを説いたわけですね。でも、あの世のほうを説いたがゆえに、永遠性を持った面もあると思います。

これに対して、ムハンマドは、この世においても勝利を収めました。

ソロモン王やダビデ王、サムエルなど、かつてのユダヤのメシアたちは、この世においても、けっこう勝利を収めました。王としても成功し、神にも選ばれた人だったのです。

その流れや定義から言うと、むしろ、ムハンマドこそ、正統派メシアに属する者だったと思いますし、私も、正統派メシアになる立場に立っていたと思います。

「大逆転の論理」を世界中に広めたイエスの弟子(でし)たち

アリー　ところが、キリスト教では「逆転の論理」が生み出されました。

イエスの弟子(でし)が、自分たちの、この世的な失敗を隠蔽(いんぺい)して引っ繰(く)り返し、「イエスは、人類を救うために犠牲(ぎせい)になったのだ」という珍妙(ちんみょう)な論理をつくって、これを世界中に広げてしまいました。「大逆転の論理」をつくり、洗脳に洗脳を重ねて、世界中を洗脳したのです。

しかし、これは本当は嘘(うそ)で、「弟子たちがだらしなかったため、イエスは捕(つか)まって十字架(じゅうじか)に架かった」と考えるのが当たり前ですよね。

私たちの宗教は、要するに、ゼロから始めた宗教、家族から始まった宗教ですが、メジナに逃(のが)れ、そこで軍勢をつくり、メッカ軍の三分の一の兵力しかなかったにもかかわらず、戦って勝ち、最後にはメッカを制圧して国を建てました。神が指導しているなら、これが当たり前、これが正統なかたちですね。

ところが、神が指導していたのに、イエスが捕まったら、弟子たちはみな逃(に)げてしまい、イエスは十字架に架けられ、殺されました。これは、イエスの弟子たちにとっては、まことに大失態だと思うんですね。イエスの十二弟子は、みな、火あぶりに遭(あ)って処刑され、あの世で地獄(じごく)に堕(お)とされたとしても、文句は言えないでしょう。そのような大失態だと思います。

それを伝道の過程で引っ繰り返し、「人類は、みな、罪の子なのだから、人類を救うために、その罪を贖(あがな)う小羊としてイエスは屠(ほふ)られた」というような論理にすり替(か)えて、イエスを救世主に祭り上げました。

これは、日本で言えば、本当に「祟(たた)り神」の祀(まつ)り方とそっくりです。不遇(ふぐう)のうちに死んだ人を神に祭り上げ、その成仏(じょうぶつ)を祈(いの)ったのと同じやり方で、実は、キリスト教は広がったんですね。

これに比べ、イスラム教国は、まさしく、「常勝思考」に基づいた、成功の論理で建った国なので、イスラム教は非常に優れた宗教だったのです。

文明的に危機的状況にある現在のイスラム圏

アリー　今はもう忘れられているでしょうけれども、中世においては、イスラム圏のほうが、キリスト教国より科学等の水準も高く、数学や建築学、美術など、すべての面で世界をリードしていました。

中世は「暗黒時代」とよく言われていますが、これは「キリスト教の暗黒時代」であって、イスラム教は、中世には、特に十世紀前後には、本当に、最盛期というか、「黄金時代」を迎えているわけであり、「まさしく神の恩寵にあずかっていたのではないか」と思います。

ところが、今では時代がだいぶ変わりました。戦争の形態も変わりましたし、経済的なレベルにおける、国の上がり下がりもかなりあって、イスラム圏は主に貧困地帯に広がっています。

そのため、裕福な国々が、その経済力にまかせて軍事力を強化し、イスラム圏に対して、いつでも潰せる体制を組んでいるわけですね。

イスラム圏の一部は、原油が出ることで、多少、経済的には潤っていますが、欧米は、「脱石油」のエネルギー戦略を組んで、〝兵糧攻め〟をするつもりでいるのでしょう。

「脱石油」を行い、軍事力の優位をもって攻めれば、イスラム圏を滅ぼせないことはないでしょうから、イスラム圏は、現在、文明的には非常に危機的な状況にあると思うのです。そのため、あちらのほうでも、本当はメシアを欲しがっているのではないかと思いますけどね。

イスラム教は共産主義とは違い、「神の下の平等」を強調する

秦　今のお話にもありましたように、イスラムの教えは、貧しい国中心にではありますが、現在も広がっております。ただ、現代との時代適合性のところが問題ではないかと思っています。戒律の問題などに関する、イスラム自体のイノベーションについては、どのようにお考えでしょうか。

アリー　イスラムが広がった理由として、やはり、「平等性が強い教えだった」ということがあると思うんですね。

平等性が強いものとしては、もちろん、共産主義もそうです。共産主義も、平等性を強調する思想ですし、イスラムも、「神の下の平等」を強調する教えです。貧しい社会では、もともと、平等性が広がりやすいところはあります。

日本神道にも、ある意味では平等性はあります。神は神でいらっしゃるけれども、

それ以外に、人間平等の思想はあったと思うんですね。

貧しい社会には、そういうところがあったのですが、現代においては、資本主義の原理が強く出てきたため、階級格差がそうとう生じてきています。「これをどう考えるか」ということが問題ですね。

イスラム圏では、王のような感じの人や、マハラジャのような人も出てくるわけですが、平等が人々を喜ばせる原理である時代もありました。

共産主義における平等は、無神論に基づく平等ですが、イスラムのほうでは、同じく平等ではあっても、神を信じる、「神の下の平等」です。

そこにあるのは、「神お一人は、尊く、冒しがたい、立派な存在である。しかし、人間は、神に比べれば、本当に、慎ましやかで控えめに生きなければいけない、小さな存在なのだ。その意味では、人間が、『万物の長である』として、あまりにも威張りすぎるような考え方は間違いである。人間は、『被造物であり、かつ、神の僕である』ということにおいて平等なのだ」という教えです。

人間には、「自由を求める心」と「平等を求める心」の両方がありますが、自由を求めれば、差別が広がりますし、平等を求めれば、嫉妬の思いや差別の思い、憎しみの思いが消え、心が平らかになっていく面が、あることはあるんですよね。

イスラム圏に「豊かさの平等」を実現したい

アリー　ただ、「豊かさの平等」というものも、出現しないわけではないんですね。例えば、小さな面積の国であっても、石油が噴き出していて、「税金なし」で暮らせる国も、あることはあり、そういう国では、国民が「豊かさの平等」を享受している面もあります。そういうことが、イスラム教であっても成立するのです。

砂漠地帯やアフリカには、かつては文明が栄えていたのに、残念ながら、今では、現代文明に少し取り残され、後れを取ってしまったところがあります。

アフリカに関しては、イスラム教は強いのですが、なぜでしょうか。

キリスト教国が、アフリカを植民地にし、さんざん荒らしまくったというか、人間を奴隷にして売りまくり、搾取に搾取を重ねたので、アフリカが貧しくなった原因はキリスト教徒たちにあると思います。そのため、救いを求めている人たちが、イスラム教を受け入れ、広げているんだと思うんですね。

ただ、イスラム教自体も、まだ、もうひとつ彼らを豊かにすることができないでいるのが現状なので、そこには、今、幸福の科学の教えが必要なのかもしれません。

もっとも、ムハンマドはアラビアの商人だったので、イスラム教は、商業に非常に強い考え方を持っており、商業的なものを素地として有しています。そのため、イスラム教国には、実は、貿易や第三次産業的なものにまで、国のレベルを上げていく可能性は大いにあります。

イスラム教が、まだ、農業レベルの国にしか広がっていないのが残念なので、やはり、新しい指導者が出現する必要があるのではないかと考えています。

5　幸福の科学とイスラム教との関係

日本でイスラム教が広がらない理由

秦　現在、幸福の科学は世界に広がってきていますが、今後、さらに教勢が広がっていったときの、当会とイスラム教との関係について、アリー様は、どのように予見なさっていますでしょうか。

アリー　あなたがたはイスラム教徒を怖(こわ)がっていると思います。

イスラム教の女性は、その装束(しょうぞく)が特異ですからね。黒装束で、目だけ出ているような服を着たりしているのが気味悪く見え、一緒(いっしょ)に生活できないように感じているのではないでしょうか。

また、イスラム教徒の生活が集団生活のように見えたりするから、それが怖いところもあるでしょう。

日本にもイスラム教徒は入ってきていますけれども、公称で五万人程度しかいません。アメリカはイスラム教と戦っているように見えますが、意外にも、イスラム教徒がアメリカ国内に何百万人もいるんですよね。

日本にはキリスト教徒だって百万人もいないので、現実には、イスラム教が広がるような状況にはありません。

おそらく、日本のレベルは高いのです。文明的にも高いけれども、宗教的にもそうです。歴史がある国ではあるので、日本には、ある意味での宗教的な高みが本当はあるのだと思うんですね。日本人の意識が高いため、イスラム教には、日本にすでにある旧い宗教を駆逐してまで広がるだけの力がないわけでしょう。

また、地理的にも、中東の砂漠地帯は日本から遠く、日本人には、なかなか中東のことが理解できないので、その教えについても、風土性から見て合わない面も、あることはあるのだろうと思いますけどね。

戒律の話が出ましたが、イスラム教は、この世的な戒律を、いろいろと細かく定めすぎたため、日本人には風土的に合わないところがずいぶんあり、そのへんが、けっこうネックになっているかもしれません。

あとは、あなたがた日本人の感じ方として、「イスラム教は、すぐ殺しに来る宗教だ」ということがあるでしょう。

先ほど言ったように、ムハンマド自身が命を狙われて逃げ回っていましたし、三代目カリフと四代目カリフが共に暗殺されている状況なので、〝根っこ〟を見ても、確かに、そういう血なまぐさい面は、ないわけではないのですが、あの辺の文明が、かつては、そういうレベルであったことも事実でしょう。

特に、近年では、『悪魔の詩』（イギリスの作家がムハンマドを揶揄して描いた小説）に関し、作者がイスラム教の指導者から死刑宣告をされましたし、日本では、それを日本語に翻訳した人が殺された事件があったので、そういう意味での恐怖がけっこうあるのでしょう。

だから、このへんについて、イスラム教は少し改善したほうがよいのではないかと私は思います。

イスラム教徒は、もう一段、寛容(かんよう)でなければならない

アリー　例えば、フランスでもイスラム教徒は差別されていますが、フランスでは、「女生徒がスカーフをして学校に行ってよいかどうか」という論争が起きました。

イスラム教徒の女性は、「家族の前以外ではスカーフをつけていなくてはいけない」という戒律に従わなくてはならないものの、それがフランスの風土には合わないので、差別されてしまいます。

そういうことがありますけれども、このへんについては、やがて変わっていくのではないかと考えております。

パキスタン等も、いろいろと変わってきているようです。

イスラム教国も、今、「ほかのところに対して国を開こう」という努力をしてきているようではありますし、それには、しかたがないところはあると思います。「旧いものに執着する」「旧いやり方にこだわる」というのは、ある意味で、「信仰が非常に固い」ということでもあります。原理主義というか、「その当時の原始モデルに忠実である」というのは、「それだけ信仰が固まっていて、そう簡単には崩れない状況が出来上がっている」ということでもあるわけです。

ただ、宗教にも時代性はあります。

イスラム教に、あえて限界があるとしたら、ムハンマドが、「自分が最後の預言者であり、もう預言者は出ない」というようなことを言ったあたりでしょう。これには、ほかのところから見れば、すごく傲慢に見える面がありますし、たぶん、事実ではない面もあるでしょう。

ムハンマドは、「イスラム教が最後の宗教になって世界を押さえる」と思っていたから、そう言ったのだと思います。どこも、そう思いがちですが、実際には、ほかにも預言者が出ているでしょうから、このへんについて、イスラム教徒は、もう一段、寛容(かんよう)でなければいけないのではないかと思います。

幸福の科学もイスラム教も「霊言(れいげん)から始まっている啓示型(けいじがた)宗教」

秦　イスラム教と幸福の科学との将来的な関係については、どのようにお考えになっているでしょうか。

アリー　幸福の科学は、日本の宗教としては、たぶん、最もイスラム教に近づいてくると思います。私は、そう感じています。キリスト教だって、けっこうイスラム教に近いところがある宗教ですが、イスラム教を最も理解する宗教は、おそらく、日本の宗教のなかでは幸福の科学だと思いますし、ある意味では、イスラム教徒から見て、最も理解できる現代宗教の一つが幸福の科学だと思うんですね。
というのも、幸福の科学は「啓示型(けいじがた)宗教」であり、霊言(れいげん)から始まっている宗教だからです。このスタイルは、イスラム教徒にとっては非常に分かりやすいのです。

イスラム教も、結局、霊言から始まっている宗教です。要するに、アッラーの啓示を受け、霊言で語り下ろされた言葉が、『コーラン』として遺っているわけであり、イスラム教は、啓示による「霊言型宗教」なんですね。

教えとして霊言があり、あとは、ムハンマドの生き方等に基づいて、いろいろな行動規範が弟子たちによってつくられてきました。イスラム教は、だいたい、この二本立てで出来上がっている宗教なのです。

ただ、行動規範のところについては、現代の西洋型社会や日本社会と合わない面はあると思います。

幸福の科学における、啓示型宗教というスタイル、すなわち、「神の声が下りてくる。神が臨んできて語る。それが教えとして経典になり、人々は、その教えに従っていく」というスタイルは、極めてイスラム教に似ているのです。だから、イスラム教徒たちは、これをよく理解すると思います。

むしろ、キリスト教徒のほうが、これをあまり理解できないでしょう。

イエスは、神がかった言葉をたくさん発しています。「今、神が私のなかにいる。私の父が私のなかにいて語っている。私のなす業は、私の父がなすのと同じことだ」というようなことを、イエスは話しているのです。

ところが、「ずばり霊言」という感じのものが出ていないため、キリスト教徒のなかには、霊言を悪魔の仕業と捉える向きがけっこうあるんですよね。

もちろん、原始キリスト教の時代には、イエスの弟子たちも異言を言えるようになった例がたくさん出てきておりますし、キリスト教には、そういう異言型の分派も、過去、数多くできてはいるのです。

しかし、そういう、「霊が降りてきて語る」というようなかたちの宗教が、キリスト教のなかから出てくると、キリスト教は、「異端だ」と思って、それを排除する傾向を基本的に持っていると思うんですね。これから、あなたがたがどうなるかは知りませんが、そういう傾向をキリスト教は基本的に持っていると思います。

幸福の科学は、イスラム教徒たちをも救う力を持っている

アリー 「イエス自身が大川隆法総裁を通して霊言をする」というスタイルを取り、その内容をキリスト教徒とイスラム教徒に読ませたとして、どちらが信じるかといったら、イスラム教徒のほうが信じる可能性は高いわけです。そのシステムが分かり、理解できるんですよ。

だから、イスラム教は幸福の科学と非常に親和性が高いのです。

イスラム教は、これから危機を迎えると思いますが、幸福の科学は、イスラム教の危機をも、おそらく救ってくれるのではないかと思います。

古代のイスラエルのユダヤ教徒だって「啓典の民」であり、預言者が数多く出てきた民族です。あんなに小さいのに影響力があるのは、「神の言葉を受け取る預言者が数多く出た」という歴史が遺っているからですね。

「天に神がいて霊示を下ろしており、それを受け取る預言者が次々と出てきた」

ということを信じているから、『旧約聖書』が、いまだにキリスト教徒にも読まれているわけでしょう？

おそらく、幸福の科学は、イスラム教徒たちをも救う力を持っているだろうと思いますし、また、実は、キリスト教に欠けているものを、補わなければいけないのではないかと思います。

今、幸福の科学は、イスラム圏には、まだ少ししか入れていませんし、あなたがたはイスラム圏を怖がってもいると思いますが、イスラム圏は、文化や風習のところをこじ開けられ、西洋化しつつあるので、その流れのなかに幸福の科学の教えが入ってくると、十分にイスラム教のほうも改革できると私は思います。

幸福の科学の教えについて、「これは新しい『コーラン』なのだ」ということを彼らが理解できれば、それで終わりなんですね。

キリスト教や仏教、儒教とも似通っている幸福の科学

アリー　もし引っ掛かりがあるとしたら、「ムハンマドが最終にして最大の預言者だ」というような言葉によって、あとの人たちを封印してしまったところでしょう。これは、教団として大を成すためにやったことなので、ここのところについては、イスラム教徒にあきらめてもらわなければいけないのです。

小乗仏教の仏教徒は、「仏陀は、もう生まれ変わらない」とよく言ったりしますが、宗教では、「自分のところの教祖は、それだけ偉い」ということを言いたくて、すぐ、そのように言いたがるんですね。

「今ある、われわれの信仰が最高で、これ以上のものは、このあと出ない」ということが言いたくて、小乗仏教では、「仏陀は、もう生まれ変わらない」と言っていますし、イスラム教では、「ムハンマドが最終の預言者だ」と言っています。

一方、キリスト教では、「救世主の再臨」ということを言っています。「イエスが、

ある日、ある時、光る雲に乗って再びやってくる。それが、いつになるか、分からないから、目を覚ましておれ」というような教えに基づいて、「キリストの再臨」をキリスト教徒たちが待っているようなところがあります。

イエスが、生前、三十三年の人生で全うできなかったというか、人間として完成できなかったことへの悔しさのようなものが、一部、この裏にはあって、キリスト教徒には、「イエスは、説き残したものを説きに来るのではないか」という気持ちがあると思うんですね。

だから、「救世主再臨」への強い希望があるのがキリスト教です。

その部分で、キリスト教徒を幸福の科学にまとめうるのではないかと思います。

仏教の経典は、「霊言」というかたちではないため、『コーラン』のようなものではないのかもしれませんが、「仏陀の説法を中心にして経典が編まれていった」という歴史があります。仏陀の説法を中心にして『大蔵経』が編まれたわけです。

また、仏教でも、イスラム教と同じく戒律がつくられました。

それから、釈尊は自分を「仏」と称しましたが、ある意味で、それは生き神です。人間として生まれてはいても、悟りを開いて、仏陀、仏となり、人類救済の立場に立ったら、人類救済のために出された、神の化身そのものですよね。だから、本当は、日本の戦前の天皇と同じで、実は現人神です。仏陀とは現人神のことであり、それを認めているのが仏教なのです。

仏教は、「生きている人であっても、この世で悟りを開くと、神と同等の立場に立つことができる」と考えますし、「説法を中心にする宗教が広がっていき、人々を救う」という考え方をするので、仏教とも幸福の科学は合っています。その意味で、今、幸福の科学は世界宗教的な面を持っていると思います。

それと、イスラム教やキリスト教、ユダヤ教は政治性を持っていますが、中国のほうで言えば、儒教その他の宗教にも、そうとう政治性を帯びたものがあります。幸福の科学は、今、こういうところにも似通ったものを、たぶん持っていると思うので、世界宗教になる大きな素質を持った宗教だと思います。

「ムハンマドが最後の預言者」という考え方を変えよ

アリー　私は、「これから、いろいろな危機が来たり、紛争が起きたり、困難に遭う人たちが大勢出てきたりするなかで、きっと、幸福の科学が、救済の宗教として、世界の隅々まで救っていく力になるだろう」と考えています。

すがるべきロープが何かなければ、やはり人類は救われません。「ムハンマドが最後の預言者であり、もはや預言を下ろせる人はいない」となったら、本当に救いようがないのです。そういう意味では、そこの部分について、考え方を変えなくてはいけないと思います。

幸福の科学は、人類を十分に救いうる宗教であり、キリスト教とイスラム教を仲裁できる宗教だと私は考えます。だから、おそらく、キリスト教圏やイスラム教圏に広がったものと比べて、遜色がないようになるはずだと思います。

秦　ありがとうございます。

「世界の要衝の地」で常に仕事をしてきたアリーの魂

岩本　今、「幸福の科学とイスラム教とは親和性が高い」というお話を賜りましたし、先ほどはアリー様の魂のご兄弟の話も少し賜りました。

以前、ムハンマド様の霊言のなかで、アリー様について、「大川隆法総裁のご三男（大川裕太）として、お生まれになっている」という話があったのですが（本書第1章参照）、それは間違いないでしょうか。

アリー　そのとおりです。

岩本　ああ。そうですか。なるほど。

アリー　私は、とにかく、いつも、世界の要衝の地に出て仕事をしております。日本神道の国粋主義的な神（天御中主神）だと思われている向きもあるかもしれませんが、私は、もともと、宇宙レベルの活躍をしてきた魂なのです（『地球を守る「宇宙連合」とは何か』『宇宙人による地球侵略はあるのか』〔幸福の科学出版刊〕参照）。

そして、地球レベルでは、「地球における、いろいろな時代の、いろいろな地域に出て、それぞれの人たちを救済する」という立場で仕事を展開してきました。それが私の地球的な活動です。

だから、それ（ムハンマドの指摘）は正しいのです。

6　イスラム教系霊団の今後

上段階の高級霊たちは頻繁に交流を重ねている

大川裕太　本日は、まことにありがとうございます。

アリー　うんうん。

大川裕太　天上界における、アリー様の今のお立場などについて、質問させていただきます。ムハンマド様、それから、生前のムハンマド様を天上界からご指導されていたヘルメス様、さらには、ゾロアスター様など、イスラム教系を支援なさっていた高級諸霊のことや、イスラム教系霊団の今後のあり方について、お聴かせ願いたいと思います。

アリー　まあ、みんな仲間ですね。ほとんど仲間です。上段階になりますと、人数が減ってくるので、付き合う範囲を狭くすると、話す相手がいなくなってまいります（笑）。だから、そのあたりの方々は、みんな仲間です。

地上的には、宗教的に分かれていて、考え方などが違うように見えているかもしれませんが、天上界においては頻繁に交流を重ねております。

だから、どなたとでもお話しできる立場に私はあります。

イスラム教系の高級諸霊も、幸福の科学を指導し始めるだろう

大川裕太　ムハンマド様やゾロアスター様など、イスラム教を指導されていた方々が、今後、幸福の科学への指導に切り替えることは……。

アリー　それはあると思います。

大川裕太　ありますか。

アリー　いわゆるイスラム圏のほうに幸福の科学の教えが広がっていったときには、たぶん、彼らの指導が強力になってくるでしょう。

彼らの弟子筋、あるいは孫弟子筋の人たちは、いまだに、地上のあちこちに出てはいるはずです。日本人が知らないだけで、たくさん出てはいるでしょうから、幸福の科学の教えが広がっていくときには、おそらく、彼らの指導が強力に表れてくると思いますね。

これは、まもなく開始されると思いますし、今、私の話を録っていること自体が、「もうすでにゴングが鳴った」ということです。これは、当然、翻訳されて、イスラム圏でも上映されていくと思います。

その内容は、衝撃の事実と言えば衝撃の事実でしょう。

イスラム教徒に改宗を迫るとしたら、「『ムハンマドが最後の預言者だった』という考え方は改めていただきたい」と言わなくてはなりません。

神は「人類を救いたい」と思っているのですから、今のように、人類の人数が、昔に比べて、はるかに多い、七十億人を超えるところまで増えているときに、預言者、あるいは神の化身そのものが出ないはずはないのです。常識的に考えて、そうです。

イスラム教は、古代ユダヤ教やキリスト教を踏まえてできた宗教なので、「過去には、頻繁に、たくさんの預言者を送ってきた神が、『これだけ多くの人類が地上にいて、世界に多くの国があり、発展しつつも、数多くの苦しみに襲われている』というとき、人類を救うために、それ相応の人を送らないはずがない」ということを、イスラムの人たちにも受け入れてもらわねばなりません。

中心的には、もちろん、エル・カンターレという方が、今、立たれているわけでしょうが、「それをお助けするために、かつてであれば預言者的立場ぐらいのレベルの人が、たくさん地上に出ていて当然だ」と私は思います。

そういう人たちは、それ相応の活躍をするでしょう。だから、イスラム圏にも、これから協力者は出てきます。

イスラム教徒は「霊的バイブレーション」を理解できる

アリー　意外に、イスラム教徒は、キリスト教徒よりも、霊言に対する理解が早いと私は思います。霊言の内容が分かるのです。アラビア語系に霊言を翻訳していくと、その内容を、彼らは、どんどん理解できます。

ただ、あまりにもキリスト教圏や日本国内に偏った内容の霊言ばかりだと、理解できない面はあるかもしれませんが、彼らにも分かる普遍的な教えであるならば、きっと理解できて、すごい速さで教えが広がり始めると思います。

彼らの、『コーラン』的なものへの共鳴度には、はっきりしたものがあります。

「霊的バイブレーションを感じる」という点では、すごいものがあるんですね。

クリスチャンには、霊的バイブレーションがあまり分からないというか、その意味での鈍さがあります。イエスの時代からは、もう、ずいぶんたっており、教会の神父や牧師による、『聖書』に基づく学校の授業のような講義を延々と聞き続けてきたため、霊的バイブレーションや啓示を理解できない体質、それを弱める体質が出来上がっており、そういうものを感じにくいのです。

一方、イスラム教徒たちは、いまだに『コーラン』を大勢で朗誦しております。『コーラン』は、本当は、アラビア語から翻訳できないことになっていて、ほかの言語に訳されたものについては、「解説書」という捉え方がされています。イスラム教徒は、その『コーラン』の霊的な響きそのものを感じ取っているわけですから、ある意味で、非常に霊感が高いのです。

彼らは、クリスチャンたちよりも霊感が高いので、言葉の響きや言魂を非常に敏感に感じると思います。

7　イスラム教の「教え」について考える

アッラーは「エル・カンターレ」に相当する

大川裕太　イスラム教では、教義を記した教典として、『コーラン』があります。

それから、イスラム法として、「六信五行」（六信とは、「神」「天使」「啓典」「使徒」「来世」「定命」、五行とは、「信仰告白」「礼拝」「喜捨」「断食」「巡礼」のこと）という修行形態などがあり、日常生活の規範となるようなものが教えとして刻み込まれています。

そして、信仰においては、「アッラーの唯一性を信じる」という点が特徴です。

ただ、イスラム教の場合、「心の教えとして、どういう面が主に強調されているのか」「心の教えには、どういうものが含まれているのか」ということが、私たちには、あまりはっきりとは分からないところがあります。

この点に関して、どのようにお考えになっているでしょうか。

アリー　基本的には、信仰を非常に強く押(お)し出した宗教ではないかと思うんですね。多神教や偶像崇拝(ぐうぞうすうはい)への排撃(はいげき)等については、古代のモーセの教えなどの影響(えいきょう)を受けているところも多分にあります。つまり、実際には、敵として現れていた、メッカのクライシュ族の宗教が多神教で、偶像崇拝を行う宗教だったため、それと戦う上で、対立軸(じく)を出す必要があり、偶像崇拝を否定して戦ったモーセの考え方を取り入れた面もあるのです。

「一神教」というかたちは、今、有名にはなっておりますが、「アッラー」という言葉自体は、「神」という意味でしかないので、本当は固有名詞ではないんですね。だから、イスラム教徒たちは、よく分からないまま、「天の崇高なる最高存在」というぐらいのつもりで、アッラーを讃(たた)えているわけです。

これは、幸福の科学の教えで言えば、「エル・カンターレ」に相当するでしょう。明らかにそうだと思います（『黄金の法』参照）。

ムハンマドの立場は、あくまでも「預言者」にすぎない

アリー　あと、幸福の科学との違いを述べるとすれば、イスラム教は、「アッラーは完全な存在として天にいて、ムハンマドは、あくまでも預言者だ」という立場なんですね。

だから、ムハンマドは、仏になった釈尊とは違い、「仏即神」という存在とは捉えられていないのです。イスラム教では、ムハンマド自身は、「預言者」という立場であり、神ではありません。『旧約聖書』の時代から存在する預言者の一人ではあるが、「最後にして最大の預言者」という位置づけなのです。

彼は、最初、「私はアッラーの言葉を聴ける」と言っていたのですが、キリスト教系の友人などが、「神の言葉を直接聴けるのは、おかしい」と言うので、それを

受け入れ、「いや、通信役の天使がいる」と言い出しました。ガブリエルをアラビア語では「ジブリール」といいますが、ムハンマドは、「アッラーの言葉を、ジブリールを通じて受けているのだ」と言ったのです。

幸福の科学以外の霊言集(れいげんしゅう)には、そういうかたちのものはあると思うんですね。

「途中(とちゅう)に中継(ちゅうけい)役の天使がいて、その上にいる神の言葉を翻訳(ほんやく)して伝えている」という言い方は、外国の霊言集にはあります。

そして、これは謙虚(けんきょ)さの一つの表れでもあると思うのです。

「神の言葉を直接受ける」と言ったら、傲岸不遜(ごうがんふそん)と思われ、「おまえは、そんなに偉(えら)い人なのか」と言われて、迫害(はくがい)を受ける可能性があります。

ところが、「途中に他(た)の人を置き、その人を中継して神の言葉を受けている」という言い方をすれば、「普通(ふつう)の人より少し優(すぐ)れているぐらいの人であったとしても、そういうことは、ありえるのではないか」と理解してもらえる面があるので、ムハンマドは、そういう言い方にしたわけです。

ただ、「それが（霊示の）かたちとして固まった」ということは、イスラム教にとって何を意味するでしょうか。

天上界には、神がいて、その下に七大天使の一人であるガブリエルがいます。ガブリエルは七大天使のナンバーツーかスリーだと思いますが、このあたりを通じてムハンマドは神の言葉を受けたことになります。

一方、イエスは天なる神を「わが父」と呼び、イエスの弟子たちは彼を「神の独り子」と言いました。

「天なる父の独り子、選ばれた唯一の息子」というイエスと、「途中でガブリエルが中継に入り、神の言葉を受け取る」というムハンマドとを比べると、キリスト教から見れば、「イエスのほうがムハンマドより上だ」ということになるのです。

ムハンマドは、キリスト教徒の意見を聴き、「ガブリエルを経由して霊示を受けている」という考え方に統一したのですが、これには、友情をもって騙されたようなところも少しあります。「むしろ、『直接、アッラーの言葉を聴いている』ということにしたほうが、本当はよかったのではないか」という面もあるんですね。

キリスト教徒から見たら、「自分たちの宗教のほうがイスラム教より上なのだ」という考え方はあると思います。

もっとも、仏教では、ムハンマドに当たる人が、即、仏になり、神になってしまうので、さらにすごいところがあります。

ただ、それでいくと、「天地創造」について語れなくなるので、それを可能にするために、後世、大乗仏教等では、「久遠の仏陀」ということを言い、「昔からずっと存在している仏陀があるのだ」という、根本仏的な思想を出してきました。

それによって、西洋のキリスト教その他に対抗できるような思想をつくったのだと思います。

「食べ物に関する戒律」には改変の余地がある

アリー　宗教の修行形態に多少の違いがあることは、しかたがありませんが、例えば、「ラマダン（断食月）の制度が今の日本に合うかどうか。ラマダンのようなものを日本が取り入れられるかどうか」と問われると、それには難しいところがあるだろうと思うのです。

やはり、「風習が合うか、合わないか」ということはありますし、当然、食べ物の好き嫌いもあるので、このへんについては、やはり、グローバルな面で理解し合う、「異文化コミュニケーション」が存在しなければいけないところはあると思います。そして、違いを認めることが必要です。

例えば、世界には、「豚肉を食べては駄目だ」という地域もあれば、「牛肉を食べては駄目だ」という地域もあり、場所によって、さまざまな違いがあります。

日本では、明治維新のころまでは、魚は食べてもよいけれども、〝四つ足（の動物）〟を食べてはいけなかったんでしょう？　明治期には、すき焼きが流行ったようですが、最初のころには、「牛を食べたら、角が生えてくるのではないか」と実際に言われていましたし、「牛乳を人間の赤ちゃんに飲ませたら、赤ちゃんに牛のような角が生えてくるのではないか」とも言われていたのです。

食べ物に対する忌避というか、禁忌、タブーは、どこの地域にもありますが、日本では〝四つ足〟を食べられなかったのに、明治維新後には、食べることができるようになりました。

そういう「文化のイノベーション」はありえると思うんですね。

それ以前には、食べたい〝四つ足〟については、種類を言い換えていたんでしょう？　ウサギの肉が食べたければ、ウサギを「鳥だ」と称し、「一羽、二羽」と数え、〝四つ足〟なのに食べていたわけですからね。イノシシも食べていたようです。食べたいものについては、本当は食べていたのです。

だから、このへんに関しては、まだ改変の余地はあるのではないでしょうか。

ヒンズー教も、牛を「神の乗り物である神聖なもの」として崇めるのは結構ですが、「大勢の人が飢えているのに、牛がたくさん余っていても、牛を食べないで大事にする」という姿勢は、日本の〝お犬様〟の時代（江戸幕府の五代将軍・徳川綱吉の治世。「生類憐みの令」が出され、犬などの生き物が大切にされた）と変わらないのではないかと私は思いますけどね。

「食料が豊富で余っており、問題がない」ということなら、それでよいのですが、勝手につくられたタブーで、この世の人が縛られるのは、悲しいことです。

だから、それについては、やはり、変えてもよいのではないでしょうか。

本当に霊的なところ、信仰のところは大事ですが、この世の作法などの戒律的なものについては、時代と地域によって変化して当然だと思います。

もし菜食主義の宗教があったとしても、アメリカ人全員に「肉を食べるな」と言ったり、オーストラリア人に「牛肉を食べるな」という戒律をぶつけたりしたら、その宗教が広がるはずはないでしょう。

今、「鯨は神聖な動物だ」と思っている人たちは、日本人に「鯨を食べるな」と言って、捕鯨禁止運動をしています。

『旧約聖書』の「ヨナ書」に、「ヨナが鯨（注。実際には「大いなる魚」と表現されている）にのまれるが、そのお腹のなかで生き延び、やがて吐き出されて陸に上がる」という話があるので、彼らには鯨を一種の聖獣だと思っているところがあり、日本人は、「鯨を食べるなんて、なんという野蛮な民族か」と思われているのでしょう。

しかし、それは文化の違いにしかすぎないので、このへんについては、お互いに話し合わなければいけないところはあると思います。

日本の寿司や刺身について、西洋人は、最初、「生の魚は食べられない。生の魚を食べるなんて、日本人は、とんでもない民族だ」と思っていましたが、今では、「ヘルシーだ」と言って、生の魚を食べ始めていますよね。

こういうところはマイナーな問題なので、変えていけると思います。

「修行形態」も現代に合わせて変えてよい

アリー　修行の形態等も、ある程度、現代に合わせたらよいでしょう。

「今はラマダンに当たる」とか、「今日は断食の日に当たるから、一切、食べ物をつくらない」などということは、だんだん、近代生活には向かなくなると思います。

また、イスラム教徒には、「一日に五回、メッカの方向に向かい、五体投地のような姿勢で礼拝をしなくてはいけない」という風習がありますが、飛行機の機長やタクシーの運転手が、礼拝の時間に、それをやり始めたら、乗っている乗客にとっては、たまらないところがあります。

タクシーが走っている途中なのに、「礼拝の時刻が来た」という理由で、運転手がメッカの方向に向かって祈り始めたら、近代生活は成り立ちませんし、飛行機を飛ばしているときに、機長が祈り始めて仕事を放棄するのも困ります。また、手術の途中で、医者が、「礼拝の時間が来たので」と言って祈るのも困ります。

このあたりについては、やはり、改変すべきところは改変していってよいのではないかと私は思います。

「オリジナルな思想」以外の部分では弾力的に考えよ

大川裕太　イスラム教徒には、そういった戒律を「尊いものだ」と信じている人々も多いと思うのですが、それらを撤廃することに抵抗感を持っている人々に対し、何かメッセージがあれば、お願いいたします。

アリー　どの宗教においても、やはり、「かたち」というものは必ずつくります。最初は自由にやっていても、「かたち」は必ずできてきて、それに染まってくるというか、いったんできた「かたち」を守っていき始めます。

幸福の科学であっても、「かたち」はあるでしょうが、その「かたち」には、教祖がつくったものだけではなく、弟子たちがつくったものも数多くあると思うんですね。例えば、正心館等の精舎での研修や支部等での儀式には、弟子たちがつくったものが数多くあるはずです。

そのように、だんだん付け足されていき、出来上がっていくものなのです。

したがって、オリジナルな思想のところは大事ですが、あとのところについては、やはり、少し緩めにするべきです。

もちろん、戒律が人間を護っている面もあります。人間は弱いものであるから、戒律をきっちり守ることで、道を踏み外さないで済むんですね。

例えば、学校には校則があり、それを守っているかぎり、生徒や学生としての本分を忘れず、勉強にいそしみ、犯罪にかかわらないで済むようなところもあります。

そういう意味で、戒律には「無駄だ」とは言いかねる面はあります。

ただ、やはり、もう少し弾力的であってもよいところはあると思うんですね。

イスラム教の場合、家族の絆は強いのですが、女性の財産性を認め、女性を財産として見ているようなところがあります。女性を戒律で護っているように見せてはいますが、実際には、むしろ、女性を高く売りつけようと思っているような面も、ないわけではありません。

それが、「見せない」ということになっているわけでしょう？

女性には、「ベールを被って顔を見せない」「水着になってはいけない」「写真に顔を載せてはいけない」「夫以外に素顔を見せてはいけない」などという戒律がありますが、これは女性の財産性と関係があるような気がするので、ある意味での「後れ」でもあると思うのです。

イスラム教は平等性の強い宗教ではありますが、「平等と自由の兼ね合いが人の幸福を決めるのではないか」と思うので、時代に合わせたほうがよいと思いますね。

もっとも、自由すぎたら、今度は、堕落というものが待っているわけです。

イスラム教の信仰にも、けっこう、百パーセントに近いものを求めるところがありますが、百パーセントを求めると、だいたい全員が同じ行動を取り始めるので、自由の許容度が落ちてくる面は、あることはあります。

ただ、これについては、幸福の科学の教えが浸透していくことによって、変化が起きてくるのではないでしょうか。

キリスト教徒に、いくら攻撃されても、やはり、イスラム教徒は納得しないのではないかと思います。

8 スンニ派とシーア派の対立を、どう見るか

血統重視のシーア派、のちに神秘性を取り入れたスンニ派

大川裕太　アリー様が亡くなられたあとの重要な出来事として、「スンニ派とシーア派の対立の発生」があります。これについて、アリー様は、今、どのように思っておられるのでしょうか。シーア派には、アリー様以外を信じていないような方々もかなり多いのですが、今後、この宗派対立を解決していくために、何かメッセージをお願いいたします。

アリー　シーア派は基本的には血統重視なんですよね。ですから、日本の天皇制に少し似ている考え方なのです。天皇制も血統重視でし

ょう? この世の能力重視ではありませんよね。

幕府は、将軍などに能力がないと、すぐ倒されてしまったりしますが、天皇家は、能力に関係なく血統重視であり、「現代まで二千年以上続いている」と言われています。こういうかたちで宗教的に長く続くやり方も一つあります。

もちろん、「他人が実力主義で跡を継いでいく」というスタイルのものもあると思いますし、会社も実力主義だと思いますが、まだ、そんなに長く続いている会社はありません。

だから、実を言うと、「血統主義のものには、長く続いているものが多い」ということは言えます。

ただ、霊能者の家系も、あることはありますが、全部が全部、長く続くわけでは必ずしもないところもあるので、このへんについては、難しいものがあります。

例えば、政治家で有能な人を選ぶには、選挙で選ぶことができます。また、官僚として有能な人については、試験で選ぶこともできれば、いろいろなところから採用することもでき、いくらでもつくっていける面があります。

しかし、天皇は血統型のカリスマであり、天皇家は、ある意味で、昔の王家です。天皇制の考え方には王権神授説に近いものがあるのではないかと思います。

日本は、現在、そういう考え方と民主主義とが合体したかたちになっていると思うのですが、民主主義にも、違(ちが)うほうに行けば、要するに、全部が、平民というか、最下層まで落とされてしまう面もあるので、いつも、「積み木を積んでは崩(くず)し、また積んでは崩し」の繰(く)り返しのようなところが、あることはあります。

そのため、この民主主義の原理は、あまりにも強すぎると、「宗教的に長く続いていくことが大事だ」という考え方とぶつかることもあると思います。

だから、何がよいか、言いにくいところはあるのですが、「シーア派には、血統を重視した考え方が多い」とは言えます。

一方、スンニ派のほうには、血統にかかわらず、多くの人々を治められそうな人を立てるような傾向(けいこう)があったわけです。

ただ、スンニ派には、途中で、「スーフィズム（イスラム神秘主義）」というものが入り、別な意味で霊界の秘義のようなものが追加されていき、強化されたところがあると思うんですね。これにはヘルメス（エル・カンターレの分身の一人）様もかかわったと聞いております。

そうした霊界の秘義のようなもの、要するに、宗教の神秘性を少し取り入れることによって、スンニ派は秘教性を増し、求心力を持ったのではないでしょうか。そのように感じております。

「継承」における混乱の芽は最初からあった

アリー　イスラム教には、初代（ムハンマド）が、あとの人のことをピシッと決められなかった面もあれば、戦争や暗殺などがあって、教団の指導者の立場を平和裡に禅譲していけなかった面もあるので、「混乱の芽は最初からあった」と言わざるをえないでしょう。

その意味では、キリスト教のバチカンのローマ法王は、よく続いているほうではあります。「血統ではないかたちで、よく二千年も続いているな」と思います。

ああいうやり方もあるんでしょうかね。大司教になるまでは実力主義なのだろうと思いますが、「大司教のなかから選挙で法王に選ばれ、終身制で、死ぬまで務める」というスタイルです。そういうかたちもありうるのだなとは思います。

でも、あの場合には、法王に選ばれる人は、たいてい年を取っており、それが最後の役職になるので、実際上は、日本の天皇によく似た、象徴に近い存在になっていますよね。若いうちから活躍することができにくい状況にはあると思います。

このように、宗教には、要するに、「継承」という問題があります。

一方、「オリジナルなものが競争型で出てきて、新しく宗教を起こす」というスタイルもあり、今、この両方が使われていると思うんですね。

伝統的なものにおいては、やはり、継承の問題が大きいのですが、新しいものにおいては、みな、オリジナルなものが次々と出てきて、互いに切磋琢磨し、競争している状況でしょう。「その全部が間違っている」とは私は思っていませんが、それぞれが持っている器（うつわ）や能力、救済力について、この世で実験されているのではないかと思います。

9　全世界伝道にかかわる大川裕太の使命

大川裕太　最後に、一問、質問させていただきます。
　今後、幸福の科学の教えが世界伝道で広まっていくにつれて、イスラム教圏でも伝道が進んでいくと思われますが、私は、イスラム教徒への伝道において、どのような使命を持っているのでしょうか。それについて、お聴かせいただければと思います。

アリー　イスラム圏だけではなく、もう少し広いのではないでしょうか。

大川裕太　そうですか。

アリー　ええ。全世界伝道と関係するのではないでしょうか。私は、そう思います。「イスラム圏だけ」という感じには見えないので、日本国内も含め、全世界伝道にかかわるのではないかと思います。そのように考えてよろしいのではないでしょうか。

大川裕太　分かりました。ありがとうございます。

岩本　本日は、まことにありがとうございました。

大川隆法　（アリーに）ありがとうございました。

10 イスラム教系の霊人(れいじん)を今後も調べたい

大川隆法　ムハンマド以外で、初めて、イスラム教系の霊人(れいじん)が一人出てきました。イスラム教系については、確かに、掘(ほ)り下げ方が足りないかもしれません。最近、私はイスラム教に言及(げんきゅう)することが多いのですが、もう少し何人か霊人を出して、いろいろと話を聴(き)かなくてはいけないのかもしれません。

次に「サラディンの霊言(れいげん)」なども収録しなくてはいけないでしょう（注。本収録の約二週間後に「サラディンの霊言」を収録した。本書第3章参照）。

サダム・フセインは、「クルド人を大量に殺した」と言われ、戦争犯罪に問われましたが、サラディンは、そのクルド族の人で、十字軍と戦った英雄(えいゆう)です。ややこしいことに、サダム・フセインは、クルド人を大量に虐殺(ぎゃくさつ)していながら、「サラディンの再来」のようなふりをしていたのです。

あの辺の民族には少し分かりにくいところがあります。サラディンについても調べなくてはいけないでしょう。ある程度の方だろうとは思いますけれどもね。

イスラム教系の人物について霊言を録ったりすれば、彼らも当会の指導霊として活動を開始するようになってくるのではないかと思います。それは、「当会の世界宗教性の担保の一つ」と考えてよろしいのではないでしょうか。

「サラディンの霊言」を聴けるのは、イランの人たちにとっては大変なことであり、胸が打ち震えるかもしれません。

ただ、今は英語圏のほうが優位なので、キリスト教圏も大事だとは思います。

では、以上にしましょう。

岩本　ありがとうございました。

第3章

イスラムの英雄・サラディンの霊言

二〇一二年四月二十日　収録

東京都・幸福の科学　教祖殿　大悟館にて

サラディン（一一三八ごろ〜一一九三）

イスラムの英雄。本名はユースフ。尊称サラーフ・アッディーン（「信仰の救い」という意味）が訛り、欧米では、サラディンと呼ばれる。一一六九年、エジプトのファーティマ朝の宰相となり、その後、アイユーブ朝を開く。一一八七年にはキリスト教徒に支配されていたエルサレムを奪回。これに対して起こされた第三回十字軍のリチャード一世の猛攻も退けた。イスラム圏のみならず、ヨーロッパにおいても、異教徒を公正に扱った高潔な人物として知られている。

質問者　※質問順

岩本尚之（幸福の科学宗務本部担当副理事長）

秦陽三（幸福の科学常務理事 兼 宗務本部庶務局長）

石川雅士（幸福の科学宗務本部第一秘書局局長代理）

［役職は収録時点のもの］

1　サラディンに「イスラム世界の考え方」を訊く

イスラム圏に関する「情報」を増やしたい

大川隆法　当会では、イスラム圏の人の霊言があまり出ていないので、私は、今、それに関する情報量を増やそうとしているところです。

まだムハンマド（マホメット）ぐらいしか出ていません（『世界紛争の真実――ミカエルvs.ムハンマド――』、および本書第1章参照）。

この前、四代目カリフ・アリーの霊言を録ったところですが（本書第2章参照）、これは、すでにイランでのセミナーに使われていて、イスラム圏における数少ない伝道のツールになっているようです。

それ以外に、日本人でも知っているアラブ系の英雄としては、今日、霊言を収録する予定の、十字軍と戦ったサラディンがいます。世界史の教科書や参考書などに名前が出てくるので、高校時代に習った記憶のある人もいるのではないでしょうか。

私は、今回の収録に当たり、サラディンや十字軍などの資料を改めて読んでみたのですが、なかなか難しいというか、話が入り組んでいて、日本人には、やはり、中世イスラム圏の話は遠いように思えました。

四十年近い昔に勉強したことはあるものの、その後、大人になってからは、入ってくる情報があまりありませんでしたし、イスラムの歴史に親しむ機会も少なかったため、「分かりにくい」という印象は否めません。

中世イスラム圏では、「いろいろな人が出てきて、勝ったり負けたりし、いろいろな王朝が起きる」ということが繰り返し起きています。

印象としては、現在、ニュースで報じられているのと似たような状況が、千年前の中東にもあったのではないでしょうか。今、中東は荒れており、特にシリアでは内戦が行われていますが、サラディンのころも同じような状況にあったようです。

十字軍を撃退し、聖地エルサレムを奪回した「アラブの英雄」

大川隆法　簡単に言いますと、サラディンは十二世紀ぐらいの人と考えてよいでしょう。日本でいうと、平安時代末期から鎌倉時代が始まる前ぐらいのころです。今、ＮＨＫの大河ドラマで「平清盛」をやっていますが（収録当時）、時代的には、そのころに近い存在と考えてよいと思います。

　サラディンの生まれは、イラクのタクリート（ティクリート）と言われる地域です。ここは、例の湾岸戦争やイラク戦争で戦ったサダム・フセインが生まれた町であり、チグリス川のほとりにあります。そこが、サラディンの生まれ故郷のようです。

　ただ、「彼は、今でいう『クルド人』に属する人ではないか」と言われています。このへんについては、私にも少し分かりかねる面があるのですが、クルド人そのものは、アーリア系のイラン人に、アラブ人やモンゴル民族などの血が混じってできた民族のようです。サラディンは、このクルド人の血を引いているのではないかと見られています。

ちなみに、サダム・フセインは、「自分がサラディンの再来だ」とＰＲしていましたが、彼はクルド人を大量に殺害した罪により処刑されているので、やや矛盾を感じないわけではありません。

それで、「サラディンはどういう人か」ということですが、簡単に言うと、彼は、当時、分裂状態にあったエジプトやシリアなどを統一した方であり、さらに、三大宗教（キリスト教・イスラム教・ユダヤ教）の聖地であるエルサレムを、十字軍から奪回した方です。そういう位置づけになると思います。

特に有名なのは、イギリスの有名な王である「リチャード獅子心王」が率いる、第三回十字軍との戦いです。英・仏等が攻めてきて、激戦を繰り広げたものの、決着のつかない状態が一年余り続き、結局、和平を結んで十字軍は撤退します。

つまり、サラディンによって、「エルサレム奪回」が確定したのです。

キリスト教徒からも讃えられたサラディンの人柄

大川隆法　ただ、この人には、少し、変わったところというか、偉いところがあり、その人柄については、ヨーロッパの人にもほめられています。

例えば、サラディン没後百二十年ぐらいに書かれた、ダンテの『神曲』という本があります。ダンテは、天界から地獄界まで、霊界のいろいろな所を見てきた話を物語風に書いています。もちろん、キリスト教寄りの見方で全部が書かれていて、「地獄の奥底では、ムハンマドが体を切り裂かれた状態で苦しんでいる」というような描写が出てくるのですが、なぜかサラディンだけは地獄の底でうごめいておらず、ギリシャやイスラムの哲学者と同じような所にいることになっているのです。

これは、「十字軍から百年余りたった段階のイタリアには、まだ、サラディンに対する、かなりの評価が残っていた」ということを意味していると思います。

なぜ評価されたのかというと、サラディンは、十字軍を撃退し、エルサレムを奪回してアラブ圏側に入れたものの、キリスト教徒に聖地エルサレムの巡礼を認めました。また、戦争が終わったあと、捕虜を解放してヨーロッパに帰しています。

こうした寛容さや忍耐強さなどが評価され、「この人は、普通の戦好きのアラブ人とは違う」と見られたのでしょう。その証拠に、サラディンにまつわる逸話には、「忍耐深さ」や「我慢強さ」、あるいは「怒らないところ」などを讃えたものが多いのです。

また、リチャード獅子心王が戦争から帰るころ、ヨーロッパの人々は、十字軍のために税金をずいぶん取られ、疲弊していたので、そのことも影響しているかもしれません。このころは、映画にもなった、いわゆるロビン・フッドの時代に当たります。当時、あまりの重税に、ロビン・フッドのような義賊が立ち上がり、活躍しましたが、そうした時代と重なっていると思います。

なお、十字軍の大規模な遠征は、この第三回で終わり、それ以降、動きとしては何度か起きるものの、大したものにはならずに終わっています。

歴史上は「スルタン」として扱われているサラディン

大川隆法　サラディン自身は、若いころ、シリアの君主に、いちおう家来のようなかたちで仕えていたのですが、その後、ファーティマ朝の宰相になって、エジプトを統一します。そして、カリフが亡くなってファーティマ朝が滅びると、サラディンはアイユーブ朝を立てるのです。

イスラムの世界では、ムハンマド以降、しばらくは「カリフの時代」が続きます。カリフとは、ハリーファ（「代理人」の意味）がヨーロッパで訛った言い方であり、宗教指導者兼政治指導者のことです。ただ、サラディンのころになると、カリフは実権を失います。つまり、当時は、カリフの時代がだいたい終わってきて、「スルタンの時代」が始まったころでした。

スルタンとは、いわゆる国王のことです。サラディン自身は「スルタン」を自称していませんが、歴史上は、スルタンとして扱われており、「エジプト（アイユーブ朝）のスルタン」とも呼ばれています。

サラディンは、エジプト統一後、今のシリアあたりも統一します。エジプトから、現在よく紛争が起きているパレスチナ周辺を含めた、かなり広大な地域を押さえた方であると言ってよいでしょう。

その後、このアイユーブ朝は、成立から百年足らずで滅びます。奴隷階級出身の人が革命を起こして国を乗っ取り、マムルーク朝を開くのです。

「神を信じる者同士の争い」を終わらせることも当会の課題

大川隆法　以上、サラディンについて概要を述べました。細かいことはよく分かりませんが、いずれにせよ、傑出した人物の一人ではあったようです。

ただ、キリスト教会から見ると、聖地奪回を阻んだ憎き相手なのかもしれません。サラディンのせいで、いまだに、「アラブ」対「キリスト教圏・ユダヤ教圏」の争いが続いているのかもしれないのです。それは、双方とも圧勝にはならず、和解したかたちで「痛み分け」になった面があったからだと思います。

このように、日本で言えば、中世の平安から鎌倉期に当たるころに、中東で、神を信じる者同士が激突し、多数の死者を出したわけですが、このへんも、今、当会が抱えている課題の一つかと考えています。

はたして、当会は、こうした、多様な信仰に基づいて争いを起こしている国々をまとめるものをつくれるでしょうか。風習や文化が違うなかで、そういうものをつくるのは、困難な仕事だと思います。

特に、イスラム教は、軍事主導というか、ほとんど政治や軍事と渾然一体となった宗教になっているので、「今の日本の体制から見ると、なかなか難しい面がある」という感じがしないわけではありません。

以上が、前置きです。

イスラムの英雄(えいゆう)「サラディン」を招霊(しょうれい)する

大川隆法　それでは、ムハンマド、四代目カリフ・アリーに続く有名人の一人として、三番目にサラディンを呼んでみたいと思います。

アラブの世界では、サラディンは、十字軍と戦った英雄(えいゆう)として知られ、映画などにもよく出てくるらしく、誰(だれ)もが知っている方のようです。

今回の霊言では、細かいことを訊(き)いても、日本人には分からないでしょうから、「どういう人物なのか」「どの程度の方なのか」という、人物像が分かればよいと思います。もし、立派な方であれば、キリスト教圏やユダヤ教圏等の人たちの考え方を変えられるかもしれません。

では、初めてですが、呼んでみます。

（瞑目(めいもく)し、深呼吸を繰り返したのち、両手を胸の前で交差させる）

イスラムの英雄にして、十字軍と戦いし、サラディンよ。

どうか、幸福の科学　教祖殿　大悟館に降りたまいて、われらに、そのお心を明かしたまえ。

十字軍と戦いし、アラブの英雄サラディンよ。

どうか、幸福の科学　教祖殿　大悟館に降りたまいて、われらに、イスラム世界の考え方や、あなた自身の考え方の一端なりともお明かしくださいますよう、お願い申し上げます。


（約五十秒間の沈黙）

2 「サラディンの使命」とは何だったのか

アラブ圏の歴史を千年延ばした「中興の祖」

岩本　サラディン様でいらっしゃいますか。

サラディン　ん？　うん。

岩本　イスラムの英雄サラディン様、本日は、幸福の科学 教祖殿 大悟館にご降臨いただき、まことにありがとうございます。

私どもは、今、イスラム世界への見識を深めているところであり、本日は、十字軍と戦われた英雄にして、アラブ騎士道の体現者、サラディン様にお話をお伺いできればと存じます。

サラディン　うーん……。ああ……。

岩本　最初に、私のほうからは、当時のご活躍（かつやく）を中心に幾（いく）つか質問をさせていただきたいと思います。

まず、サラディン様が活躍された時代は、どのような時代だったのでしょうか。

また、どのような使命を持って地上に降りられたのでしょうか。そのへんについて、お伺いできればと思います。

サラディン　私は、「ムハンマドの流れが終わりかかっていたときに、イスラム世界を、もう一段、もり立てる」という、一種の「中興の祖」の立場かな。そういう立場で地上に生まれた者です。

キリスト教圏と戦って敗れなかったわけですから、今のアラブ圏というか、イスラム圏が、キリスト教圏といまだに覇を競いつつ存在している理由は、私にあるのではないかと思います。

十字軍の聖地奪回作戦でアラブのほうが完敗していた場合には、おそらく、キリスト教系の信仰によって、イスラム教も滅ぼされていたでしょう。つまり、マニ教などと同じような運命を辿って、七世紀に起きたイスラム教が十二世紀ぐらいに地上から姿を消し、現在には、ほとんど伝わっていない状態になったのではないかと思いますね。

中世のイスラム教圏には、ヨーロッパ圏よりも繁栄していた面がありますので、そういう意味では、「世界の一つの繁栄を築いた」と言ってもよいかと思います。

確かに、ヨーロッパでも、少しあとにはルネッサンス期などがあって興隆いたしましたけれども、アラブの世界もまた、イスタンブールなどを中心に一種の盛り上がりを見せておりました。

ですから、「中興の祖」と言ってもよいかもしれません。日本で言えば、武家政権の成立と似たような位置づけかもしれませんね。まあ、少なくとも、「アラブ圏の歴史を千年延ばした」と言ってもよいかと思います。

岩本　はい、ありがとうございます。

世界レベルで「歴史」をつくっている者の一人

岩本　サラディン様は、お若いころから、文武ともに秀でておられ、三十二歳の若さでエジプトの宰相になられました。その後、アイユーブ朝を創設され、エジプトのみならず、シリア、パレスチナも治められました。

また、出世し、職責が高まるにつれて慎ましく生活なされるなど、人々の範たるべく努力されたと伺っております。

さらに、エジプトのスルタンとなられてからは、「減税」によって民心の安定を図られましたし、軍事の天才でありながら、懐が深いというか、とても寛大なところをお持ちでした。

例えば、キリスト教の十字軍が捕虜を虐殺したのに対し、サラディン様は身代金の有無にかかわらず捕虜を釈放されています。また、ライバルのリチャード獅子心王が病気のときには、見舞いの品を贈られています。そのため、敵味方ともに、そのお人柄を愛されたと伺っております。

そのようなサラディン様が政治家として心掛けておられたのは、どんなことだったのでしょうか。

サラディン　うーん。まあ、イスラムというのは不思議な宗教でね。宗教と政治、軍事等が一体化しているものであるが、なかなか、その融合は簡単ではないと思うんだよな。

キリスト教のほうも、軍事との融合はなされているけれども、これは、キリストの教えに基づいたものではないことは明らかで、ヨーロッパのゲルマンの伝統に基づいてのものかと思う。また、仏教のほうは、戦争しないところでもあろう。けれども、イスラムに関しては、ムハンマドの時代に、「メッカ軍との戦いに勝つことで国を建て、また、宗教を開く」というかたちになったため、最初から国教化したものであるわけだね。

まあ、非常に不思議なかたちであろうとは思うが、考えてみれば、神代の時代の宗教は、だいたい、そういうものであったのだろうな。神代の時代の宗教では、たいてい、軍事的に国をつくり、それを治めた方が神様になっていることが多いだろうと思う。

そういう意味で、イスラム教は、欧米人が考えているよりも、総合的な宗教なのかなという感じがありますね。

今の欧米人も日本人も、ほとんどが、イスラムについて、「テロの温床」のように考えていることが多いだろうけれども、これは、やはり、十九世紀、二十世紀の近代化の後れによるものかと思う。

つまり、日本の明治維新のようなものが起きて近代化することが十分にできなかったところが、今、「後れ」になっていて、そういう近代性における後れを取っているために、原始的な戦い方をしているだけなのでね。

この百年、二百年の間に、そういう文化的な後れが出てきているので、今は、「このまま衰退して滅びていくか。それとも、さらに大きなイノベーションが起きて、イスラムの再興がなされるか」という分かれ目かな。そんな感じがするね。

私も含めて、私たちは、いつも世界地図を見ながら歴史をつくっている者であり、「どの地域に、どういう国を建てて、どのような文明実験をするか」ということをいつも考えている者であるので、本当のことを言えば、生まれ故郷の地域にとらわれた存在ではない。

たまたま、その時代に必要があって、出たわけなんだね。

だから、私は、古代であれば、十分に違ったかたちの英雄として出られたような人間かな。そのように思いますがね。

岩本　ありがとうございます。

3　サラディンが考える「英雄の条件」

「天からの使者」としての役割を果たすことが理想だった

岩本　もう一つ、お願いします。

サラディン様は、「勝利の王」「反十字軍の英雄」「アラブ騎士道の体現者」などと呼ばれ、たいへん尊敬されておりますが、サラディン様のお考えになる「英雄の条件」とは、どのようなものでしょうか。

サラディン　だいたいね、王や軍事的指導者などになる人たちには、もちろん、頭もよく、武力も強い人が多いとは思うけれども、私が理想としていたのは、そうだねえ……、まあ、一種の「天からの使者」としての役割を果たしたいという気持ちは持っていたね。

それは、イスラム教のなかにも流れている考えではあるんだけれども、イスラム教は、この世的な執着をあまり持たず、来世の幸福を願う宗教なので、そういう、この世での物事を軽んじるところが、あなたがた日本人の武士道とも似ていると言われているかと思われるがね。

「この世のもの」を低く見て、「あの世のもの」を高く見る傾向はあったかな。そういうところはあると思えるね。

サラディンの活躍が促した「キリスト教の宗教改革」

サラディン　まあ、歴史的には複雑なんだけどもね。

そういう十字軍を何度も起こされて、イギリス、フランスをはじめとするヨーロッパの国が数多く十字軍に参加してくることにより、膨大な費用と死者・病人・けが人等を出して引き返していったけど、ヨーロッパのほうには、疲弊したところがあるのと同時に、異文化が流入していったところもあるんですよ。

特に、ヨーロッパの北部のほうが大きく疲弊したから、キリスト教の宗教改革の流れは、実は、私と関係があるのではないかと思うんですね。

十字軍が聖地奪回に成功しなかったあたりで、疲弊した国民たちが次々といろいろな反乱を起こしたり、あるいは、中世にペストが流行って大勢の人が亡くなるなど、いろいろと祟りのようなものが起きたりしたことで、「神の徳」が失われた感じがあってね。

それで、キリスト教のほうでも、立て直しのために、イギリスにはウィクリフ、チェコにはフス、ドイツにはマルチン・ルター、ジュネーブにはカルバン等が次々と出て、宗教改革が起きてきた。

それは、「イスラム圏の繁栄と対抗するために、国を立て直さなければいけない」というか、「ヨーロッパを立て直さなくてはいけなくなった」ということだね。

要するに、間接的ではあるけれども、私が活躍したために、ローマン・カトリックの勢力が南のほうに後退して、新教が次々と成立していき、そのイノベーションによって、キリスト教圏もまた新しい力を得て、それが、やがて、イギリスやアメリカの繁栄へとつながっていったのかと思いますね。

つまり、ヨーロッパが南と北で分かれてきたところがあったと思うし、やはり、異文化交流が起きたんだね。

あのころ、今でいうトルコからイタリア周辺までの地中海沿岸は、ある意味で、世界都市的な存在になっていて、現代のニューヨークやロンドンに相当するような文化の坩堝になっていた。

だから、あなたがたは、遺っている史料ではよく分からないであろうけれども、地球レベルで見たときに、一種の文化の高みになっていたと思うんだね。

真の英雄かどうかを示すものは「精神性」

サラディン　まあ、「英雄の条件」を訊かれたのとは、ちょっと話が違うかもしれませんが、私自身は、そういう立場に立たされたので、戦いもしましたけれども、武力が必要な時代でなければ、宗教家になったり、哲学者になったり、道徳を説く人間になったりするかもしれないタイプの存在かと思います。まあ、（サラディンのときは）たまたま、そういう求心力となったわけだね。

だから、サダム・フセインが、私の再来のように自分で言ったとしても、そうした精神性のところに、やや違いがあったのではないでしょうかね。

私のほうは、今、あなたがおっしゃったように、「敵を許す心」を持っていたし、自分はイスラムに帰依しておりましたけれども、味方というか、同じムスリムに対しても、やはり、「厳しすぎないように」「彼らを苦しめないように」という気持ちは持っておりました。

これは、両立しがたいものでしょうね。「戦に強い」ということと、「寛容さを持っている」ということは、一般には両立しない。

苛斂誅求というか、非常に厳しい「戦いの鬼」のような性格のほうが、戦には向いておりますから、「税金を取り立てて人を殺す」という残忍な人のほうが強いように見える。そういう時代において、私には、そうでないところはあったね。

まあ、リチャード獅子心王と言われた人も、ある程度、徳のある方であって、慕われてはいたようですから、敵味方に分かれたけれども、ちょっと不思議な巡り合わせがあったのかねえ。確かに、彼らの、「イギリスから（遠征し）、聖地を奪還しよう」という志には、健気なものがありますけどもね。

「エルサレムを誰の管理下に置くか」は非常に難しい問題

サラディン　このイスラエルをめぐっては、いまだに争いが絶えない。「聖地エルサレムを、どこの管轄に置くか」ということですね。
ユダヤ教の聖地でもあり、キリスト教の聖地でもあり、また、「ムハンマドは、このエルサレムから天上界に昇った。体外離脱をして霊界を飛んだ」という伝説が遺っている所でもある。三つの宗教の聖地という、まことに不思議な磁場であるので、「誰の管理下に置くか」ということは、非常に難しい問題でしょうね。

ここに、今はイスラエルという国がある。ユダヤ教徒が、シオニズム運動の結果、一九四八年に自分たちの国を建国した。しかし、これが、アラブとの境目である、ガザ地区など、パレスチナのあたりでの紛争を生んでいる。

向こうは核兵器まで持っているのに、アラブ側は、「インティファーダ」（民衆蜂起）と言って、石つぶてを投げて抵抗するような、「押し入ってきた者のほうが強い」という微妙な状況になっている。

今は、紛争があって、世界的に、「正義はどこにあるのか」ということが難しい問題になっていますね。

戦いを離れたときに「寛容な心」を持っているのが真の英雄

サラディン　まあ、「英雄の条件」は、私もよくは分かりませんが、英雄ということであれば、やはり、ある程度、軍事的な武功を立てなければならないだろうし、その結果、民衆から支持を受ける必要もあると思うんだよね。

また、その人の最期とも関係があると思う。

例えば、近年では、ヒトラーやムッソリーニなども、軍事的に成功している間は英雄だったのかもしれないが、最後に滅び、また途中で、残忍な虐殺を大量にやっておるから、それを英雄と言えるのかどうか。まあ、それは、共産圏その他でも起きていることだと思いますけどもね。

もちろん、正義の実現のために戦いをせねばいかんこともあって、それで、人を殺さなければならないことも起きますけれども、ルールに基づいての戦いには、例えば、リングの上のボクシングと同じようなものがあるので、いわゆる人殺しとは少し違う面があるんですね。

それを離れたときに、あくまでも殺人鬼のような存在であるのか。それとも、〝リングの上〟での戦いを離れたら、人間として、お互いを認め合ったり愛し合ったりする、「寛容な心」を持っているかどうか。

やはり、そういうところが、「真の英雄かどうか」を示すのではないでしょうかね。

岩本　貴重なお話を頂き、本当にありがとうございました。

では、質問者を替(か)わらせていただきます。

4 「欧米とアラブの戦い」を解決するには

「新たな英雄」が出なければアラブ圏は滅び去る

秦　ありがとうございます。

先ほど、「世界地図を見ながら、どのように歴史を進めていくかを考えている」というお話がございましたし、中東の問題についても触れていただきましたが、イスラエルと関連した欧米圏とアラブとの戦いを、どのように解決していけばよいのか、もう少し、お考えをお聴かせいただけないでしょうか。

サラディン　難しい……。とても難しいですね。

今、シリアでも争いがありますけれども、ここに欧米圏が入ってくれれば、十字軍と変わらないような構図になるかもしれません。

アラブの雄であったイラクが、すでに二度の戦いをやって、多国籍軍および米軍に敗れており、次は、イランが、「まもなく戦いになるかどうか」というところにかかっております。

また、シリアにも、英・仏・米軍等による空爆が迫っていると思うので、「イラン、シリア等が、イラクに続いて空爆されていく」ということになりますと、十字軍と同じではないかもしれないけれども、異文化の衝突的なものが起きてくるでしょうね。そういう時期ではあります。だから、アラブ圏として見れば、「新たな英雄が出なければ滅びる時代」でもありましょうね。

欧米からは、核武装をしようとしているイランの大統領とかが、悪魔のように見えていると思いますが、彼らが強気でやっている理由は、やはり、「アラブの盟主は誰がやるべきか」というところです。つまり、「サダム・フセイン亡きあと、誰が盟主をするか」というようなことを競っていて、イランが倒されても、おそらく、サウジアラビアやエジプトや、ほかの所から、似たような人が出てくるであろうとは思いますがね。

欧米とアラブの間には「五十年の文明落差」がある

サラディン　まあ、今、文明間の落差が少しありますので、うーん、どうでしょうか。五十年ぐらいの落差はありますね。

イスラエルは、アメリカと完全に組んでいますので、近代性はアメリカとほとんど変わりません。小さな国ではあるけれども、「あわよくば、後れたアラブ世界を、イスラエルの価値観で押さえてしまいたい」という気持ちは持っているだろうね。

まあ、ここは本当に難しい。

ただ、人口比から見ると、イスラム教徒も十三億人と言われる人数を抱えておりますので、やはり、まだ、ある程度のリーダーは欲しいかな。そういう感じはありますね。

（イスラム教は）柱の一つとして軍事が入っている宗教ですが、今のように、石つぶてを投げたり、人間爆弾で突っ込んでいったり、自動車爆弾で突っ込んでいったり、テロをやったりするのは、非常に、負ける戦い方ですよね。

第二次大戦で負けた日本軍が最後にしたような戦い方をやっておりますので、非常に劣勢にあることは事実でしょう。人間魚雷や神風特攻隊のまねをし、人間自身を盾にして戦っているような状態なので、物資が十分でないことが（戦い方に）よく出ていると思います。

だから、今、「新たな救世主が現れるか。滅び去るか」というところに来ています。

私も考えてはいますし、幸福の科学さんも動き始めてはいるようですけれども、イスラム教は、かなり固まっている強固な宗教で、いちおう歴史と伝統と戒律に縛られているため、「そんな簡単に風習そのものを崩すことはできないかな」と思います。

どうでしょうかねえ。まあ、イスラム圏の改革だけでなく、インドにも、まだまだカースト制的な身分制がそうとう残っているので、あなたがたには、こうしたところを改革していく仕事もあるような気がしますがね。

欧米とアジア・アフリカの「懸け橋」になれるのは日本のみ

サラディン　アフリカも、キリスト教によって、かなり切り取られましたけど、決してよくなっていないですよね。キリスト教が行った所は、あまりよくなっていないんですよ。アジアもそうです。

彼らの優越主義が奴隷階級をつくっていったところは、やはり、人類史から見れば、恥ずべきことだと思うんですね。

今の〝偉大なアメリカ〟にしても、かつては、アフリカ人を、人間と思わず類人猿程度に思ってアメリカに連れていき、労働力として使っていました。アフリカ人が〝人間〟になるためには、百年、二百年、三百年という時間がかかっている状態で、白人は、こういうことを平気でやったわけです。

日本人は今、「中国人や朝鮮半島から来た人に、近年、差別をした」ということで、批判されることもありますが、何百年単位で黒人を奴隷扱いした欧米人に比べれば、全然、比較にならないと思いますね。

私としては、どちらかといえば、「白人優越主義は終わりにしていただきたい」という気持ちがあります。ただ、イスラム圏に全部が完全に支配されるのも無理だと思うので、「やはり、同じ黄色人種のなかから、盟主が出てきていただきたい」と思っております。

日本は、石油輸出国との仲が非常によろしいので、「できれば、上手に『新しいリーダー』になって、欧米とアジア、アフリカ等をつなぐ懸け橋になってくれればいいな」と心から願っていますよ。

日本しかない。今、頼みの綱は日本ですよね。

あと、インドが力を持ってきつつあり、経済力はついてまいりましたけれども、

「精神的なものでの先進性が少し足りない」というか、後れを取っていますよね。旧い宗教が勝ちすぎているのでね。

インドも、イスラム圏に比べれば、やや、寛容性が高いと思いますが、パキスタンとか、いろいろと紛争の種を持っているので、「何らかの融合する力が働いていかねばならないのかな」という感じは受けております。

だから、「できれば、幸福の科学に、中国やパキスタンやインドを通り越して、中東の地にも、アフリカの地にも真理を広げていただき、ヨーロッパ、アメリカともつないでいただきたい」と私は考えています。

「オリエンタル系」との縁が深いサラディンの魂

秦　先ほど、「世界的な視野で見ている」というお話がございましたが、宗教的なお立場としては、必ずしも、イスラムにこだわっておられるわけではないのでしょうか。

サラディン　うーん……。まあ、その前は、エジプト等でも、宗教と政治にかかわったことがあります。私の時代にもエジプトを統治しましたから、一緒かもしれませんが、アフリカにも縁はありました。

あとは、そうですねえ。うーん……。

まあ、どちらかというと、「アジア、アフリカなど、オリエンタル（東洋）系のほうが強いのかな」と自分では思いますけれどもね。そういう考え方を持ってはおります。

昔は、中国にも生まれたことがあったかなあ。そういう時代もあったかもしれませんね。まあ、いろんな時代に出てはおるんですがね。

いちおう、世界史的に影響を与えるグループの一員ではあります。

秦　ありがとうございます。

そのあたりの、霊界(れいかい)でのお仕事や、ご転生(てんしょう)などについては、次の質問者から、お伺(うかが)いできればと思います。

サラディン　はい。

5　イスラム圏に「未来」はあるのか

「人権思想の後れ」については欧米化してもよい

石川　本日は、ありがとうございます。

私のほうからは、「イスラム教圏の未来」にかかわることについて、お伺いしたいと思います。

今、世界では、宗教間の対立や融和が大きなテーマになっています。

サラディン　うん、うん。

石川　それに関して、イスラム教では、まず、「一日五回礼拝せよ」とか、「お酒を飲むな」とか、「スカーフをつけよ」とか、行動の規範が細かく定められていますが、こうしたさまざまな戒律等が、イスラム教圏の近代化を妨げているとともに、キリスト教圏との文化的なぶつかりを生んでいます。

また、ムハンマド様が、ご自分のことを「最後の預言者」と言われたことで、ある意味、その時代で止まってしまい、進化が妨げられてしまうところもあるのではないかと思います。

さらに、宗教によって、「霊界情報」や「転生輪廻についての教え」がけっこう異なっています。

例えば、キリスト教では、「来世があるらしい」ということは何となく分かるものの、具体的な情報としては、ほとんどありません。それに対して、イスラム教では、天国と地獄の存在がはっきりと説かれている一方、「この世では、お酒を飲んではいけないが、天国に行けば、酔わないお酒が飲み放題だし、美女も与えられる」というような情報もあって錯綜しています。

また、転生輪廻の思想は、仏教にはありますが、キリスト教にも、イスラム教にも、原則としてありません。

幸福の科学は世界宗教を目指しておりますが、こうした点を乗り越え、宗教的な融和を図っていきたいと考えています。そこで、これからの宗教的な融和のあり方について、お教えいただければと思います。

サラディン　まあ、文化的なものというか、生活レベルでは、やはり、欧米モデルがかなり入ってきております。

フランスなどでは、「イスラムの風俗を学校に持ち込むな」ということで、トラブルが起きておりますけどね。フランスやドイツ等には移民が多うございますから、「イスラム風俗を持ち込まれると困る」ということであるわけですが、文化的には少しずつ解けてきつつあるところかと思いますね。

現代の人権思想から見ると、やはり、残忍・残酷と思われる面がそうとうあるのでしょう。人命が軽いし、腕を切り落としたり、足をなぎ払ったり、石で殺したりするようなこともあれば、今、話題になっているように、女性の顔に硫酸をかけて、ただれさせるようなことまでやっていて（収録当時）、人権思想がかなり後れを取っているので、この意味においては、欧米化してもよいかなと思います。

「裕福になれる方法」を貧しいイスラム教徒に教えたい

サラディン　それから、「ムハンマドが最後の預言者」ということについては、イスラム教を弘める意味では役に立っていると思うんですよ。

つまり、「日蓮だけが正しい仏法を広げている」と言っている日蓮宗と同じで、「お経が正しい」と言うか、「その人が最後の一人だ」と言うか、まあ、言い方はありますが、これは、全部の者を帰依させようとする動きですよね。

イスラム教は後発だったので、本当は、キリスト教やユダヤ教等に対して寛容なところがありました。後のものは、先のものに対してわりに寛容なんですが、先のものは、後のものに対してあまり寛容ではない。

それが、時代がたつうちに、イスラム教も寛容でなくなってきています。今では、イスラム教徒に伝道したり、改宗させたりすることを禁じる所もありますので、「これは、どこかから崩れてこなければいけないな」とは思いますね。

まあ、宗教には、根本的に、そういうところがあるのかもしれません。

ムハンマドは最後の預言者かもしれないけれども、人間ではあって、神でもなければ、仏でもない。イスラム教という宗教は、「アッラーの下に人間は平等である」という思想が非常に強いんですよ。平等思想が非常に強いのです。

その平等思想には、「みんなを均一に扱う」という面から見れば、ある意味で、民主主義の原理があるのですが、民主主義のもう一つの原理としての、「それぞれの人が勤勉な努力によって、自由に自己実現をしていってよい」という面が、やや弱い。王族など一部の者は、ものすごく石油等で富んでいますが、一般民衆は全体的に貧しいですよね。

思います。

だから、彼らに、もう一段、「裕福になれる方法」を教えてやらねばならないと思います。

ただ、生活レベルが上がると、基本的に、文化は洋風化というか、欧米化していきます。そのときに、今度は、その自由性がイスラム教の均一性を失わしめるので、宗教としては、それが若干問題かな。

今は、世界に二百カ国もあるし、とても難しいですね。「世界帝国のようなものができれば、それでいいのか」と言えば、何とも言えない。「民族の考えや宗教、風俗等が違うものを、全部、一つにまとめれば、それが幸福か」と言われても、必ずしも、そうとは言えないものがあるのでね。

まあ、明らかに人間の幸福を害しているようなところについては直していくべきだとは思いますが、違いは違いとして認めて、受け入れる面もなければいけないと思いますね。

欧米の「テロとの戦い」は〝百年戦争〟になるだろう

サラディン　今、アラブの最も大きな問題点は、やはり、「欧米圏の軍事力が非常に強いので、事実上、これによって屈服させられているが、そのことに対する反発が非常に強い」ということです。

つまり、欧米に屈服させられている感じが強いので、十字軍と戦った伝統を持っている国々としては、「非常に悔しい思いが残っている」という感じかな。

かつて、エジプトがローマに敗れたようなことが、また今も起きそうな感じです。だから、負けることによって、革命が起き、大きな変化が起きることを受け入れるべきか。それとも、内部から変えていくべきか。路線としては二つありますね。ここは悩ましいところです。ほかの国にも、偉大な方は数多くいらっしゃるでしょうから、どうするかなあ。

まあ、今、「中国・北朝鮮問題」と「イスラム問題」が続いているのでしょう？

そして、アメリカは、テロとの戦い、〝百年戦争〟に入っております。これは、現代の十字軍のようなものかもしれませんが、〝百年戦争〟が続くだろうと思います。

欧米系では、まだ、アフリカやアジアを植民地化してきた、この五百年の歴史の反省がなされていません。日本人ばかり責められているようですけれども、反省がなされていませんので、世界史的に見れば、欧米系にも、「何らかの負けを経験することによって、多少、反省の機運が出るようなもの」があってもよいのかなと思います。

「アラブの近代化」のモデルは、やはり日本

サラディン　ただ、「イスラム圏に、今、欧米のほうを完全に負かしてしまえるだけの力があるか」と言うと、けっこう厳しいものがある。

「石油がスーパーパワーで、石油さえあれば世界を動かせる」という時代であれ

ば、その可能性もあったんですけれども、今、石油の力だけに頼らない時代にだんだん移行しかかっております。このままで行きますと、ここ数十年の間に、石油によるパワーは衰退していきますので、アラブの国々は、もう一段、貧しい国になってしまうかもしれません。

だから、「アラブの国々の近代化をどこが牽引車となって行うか」ということが、今、大きな問題ですよね。

だけども、ヨーロッパ文明のもとになっているキリスト教文明やユダヤ教文明も、実は、中近東と言われる世界から生まれたものであるので、われわれには、「文明の発祥の地」としてのプライドがある。そのため、「劣等民族のように見られている」ということに対する反発がすごくあるんですよ。

そういう反発があると同時に、日本という国に対する憧れもあります。

同じ黄色人種で、島国で、資源もなかった国が、明治維新を契機に西洋近代化し、世界五大強国のなかに入り、イギリスやフランスも破り、オランダも破り、ロシアも破った。ナンバーワンのアメリカだけには負けたけれども、戦後また復活して、強国になった。その日本は、やはり、一つのモデルと言えばモデルですね。だから、欧米人に説得されるのと、日本人に説得されるのとでは、かなり違いがある。

また、われわれの持っている、いいかげんなところといいますか、欧米的に見れば、アラブ系の人たちには、ファジーな面があると思うんですけど、そういうところには、日本人の物事をはっきりさせすぎない性格とも理解し合える面が、若干、あります。

だから、「日本文化を上手に学ぶことを通して、欧米のよきものが濾過されて入ってきて、欧米の悪しきものは入らない」という感じになってくるといいですね。そういう考えを、私は持っております。

石川　ありがとうございます。

イスラエルを守るため「イスラム十三億人」を犠牲にするのか

石川　もう一点、質問させていただきます。イスラエルとアラブ圏の対立ですが、最終的には、どのような未来になるとお考えでしょうか。

どちらかが一方を滅ぼすことになるのでしょうか。それとも、今、おっしゃったように、アラブ圏が日本的なものを学んで、共存していくことになるのでしょうか。あるいは、核戦争などが起きるのでしょうか。何かビジョンがございましたら、教えていただければと思います。

サラディン　民主主義を、「人間は平等で一人一票」というかたちでの意思決定と考えるならば、イスラム圏には十三億人の人間がいる一方、ユダヤ教を信じている人は、国内六百万人、国外合わせても一千五百万人ぐらいなので、数で言えば、勝敗は決しています。

もし、キリスト教的に、「迷える一頭の羊を救うために、九十九頭の羊を捨ててでも、そちらを救いに行く」というのなら、ちょっと話は違います。それであれば、「イスラエルを守るために、あとの十三億人を犠牲(ぎせい)にする」ということもあるかもしれませんが、あの譬(たと)えは、そういう意味ではなかろうとは思います。

人数的に見れば、「十三億の民(たみ)が暮らしているものを守る」というのが当たり前かなと思っておるんですがね。

イランを完全に滅(ほろ)ぼしても「代わりの盟主」が出てくる

サラディン　まあ、軍事技術的なもので見れば、「アメリカ、イギリス、フランスなどの欧米圏が、イスラエルに完全に肩入(かたい)れする」というスタイルになった場合には、今のところ、イスラム教圏は、軍事的にそうとう壊滅(かいめつ)的な打撃(だげき)を受けることになるでしょう。つまり、それが、イランの核施設(しせつ)を攻撃(こうげき)するだけで済むかどうかは定かではないですね。

イランには、まだ石油もありますからね。外国に石油を売っている以上、エネルギー資源がないわけではないから、「核開発は核エネルギーの推進だ」と言っても、日本のような資源のない国が原子力開発をしているのとは意味が違いますわね。

そのため、欧米は、当然、「核兵器をつくる目的があるのだろう」と考えるし、「プルトニウム等はヨーロッパなどから簡単に輸入できるわけではない」ということも分かっておりましょう。「そういうイスラエル攻撃に使われる可能性があるものは入ってこないから、自力でやろうとしている」とも、だいたい読んでいるわけだね。

だから、おそらく、イランや中国や北朝鮮は、一種の「悪の枢軸（すうじく）」として、欧米的な価値観を持っているところから攻（せ）められる可能性が高いだろうと思われます。

まあ、「ある程度の攻撃はしかたがないかな」と思う面もあるけれども、「完全に滅ぼすところまでいくのは、いいのかな。どうかな」と思いますね。

トルコなどは、そうしたものから逃（のが）れるために、いち早く、ＥＵ（欧州連合）のほうにすり寄っていって、ヨーロッパ人の顔をして生きていこうとしているのでしょうが、あとのところは、ＥＵに入れるような文化を持っていません。

おそらくは、イランを攻撃し、シリアを攻撃するかと思いますけれども、そうしたところで、サウジアラビアやエジプトが代わりに盟主として出てくるでしょうから、ここは、モグラ叩き風になるであろうと思いますね。

イスラエルの味方をするキリスト教圏で天変地異が起きる？

サラディン　アメリカのブッシュ大統領親子なんかは、「イスラム圏を全部滅ぼす」という価値観を持っていたかもしれませんが、今のオバマ政権が続くかぎりは、おそらく、「イスラム圏を全滅させる」というところまでは考えないと思います。

しかし、ブッシュ系の共和党が非常に強くなった場合には、「イスラム教は悪魔の教え」というような考えを原理主義的にもってきて、叩きに来るのはありえると思いますね。

実は、イスラム圏と日本神道には、底では、かなりつながっている面があります。まあ、こういう異文化に対する憎しみというのは、そうとうありますから、先の大戦で日本を攻撃した欧米の考え方のなかにも、今のイスラムに対する思いと同じようなものがあったと思うんですね。すなわち、「理解できないもの」というか、「発展途上の後れたもの」ですね。

当時、日本人は猿扱いされていたと思いますけれども、そこには、アフリカの人たちを、土人、類人猿、猿程度に思っていたのと同じようなものがあったと思うのです。

このカルマとしての「驕り」については、やはり、どこかで、反作用が少しは起きると思いますね。おそらく、イランやシリア等への攻撃が行われるであろうと推定しますし、イスラエルの味方もするであろうと思いますけれども、キリスト教圏においても、一定の反作用が起きるのではないかと思います。

テロ攻撃等もあるかとは思いますが、それで沈められるような国ではないので、

「何らかの天変地異のようなものが起きて、バランスが取られるのではないか」と私は思っております。天変地異そのものには、現実に、戦争とほとんど同じような効果がありますので、彼らの文化に対する一つのショックにはなるでしょうね。

次の世界は「日本」がリードする

サラディン　「次の世界は、何がリードしていくか」ということは、非常に大きな問題です。

やはり、その可能性があるのは、今は、沈んでいるように言われているかもしれませんが、私は「日本だ」と思いますし、「日本でなければならない」と思います。「欧米とアジア・アフリカの両方の価値観を代弁できる文明としての日本文明は非常に大事なのではないか」と私は考えておりますね。

きっと、日本が世界を救うようになると思います。

石川　ありがとうございます。

6　サラディンの転生の秘密

石川　サラディン様は、先ほど、「世界地図を見ながら、歴史をつくっている」とおっしゃいましたが、当会では、「光の天使たちが、エル・カンターレの指導の下、地球ユートピアの実現を目指して、いろいろな所に生まれ変わっている」と説かれており、例えば、『黄金の法』には、「ムハンマドはツウィングリ（スイスの宗教改革者）として転生している」と書かれています。

私たちは、こうした思想の下、次の世界精神となることを目指しておりますが、サラディン様についても、よろしければ、「主エル・カンターレとのかかわり」について、お教えいただけないでしょうか。

また、日本にたいへん期待されていらっしゃるので、「日本神道とのかかわり」、あるいは、「現代日本に生まれているのか」ということについても教えていただければ、幸いでございます。

サラディン　うーん……。アハハ。ちょっと、タブーに当たる面もあるのかなと思いますけれどもね。

確かに、私の魂の兄弟の一人は、日本の神社にも祀られております。まあ、そういうところはありますね。

もっとはっきり言うならば、東郷神社で祀られているのが、私の魂の兄弟です。（東郷平八郎は）イスラム圏では人気が高いですよね。やはり、「ロシアを破った」というのは大きいですよ。（中東でも）ロシアの圧迫はかなり強かったですからね。

あなたがたも、ぜひ、覇権主義の中国を何らかのかたちで破り、世界の新しい潮流をおつくりになることを祈りたいですね。

チグリス・ユーフラテス川のほとりに栄えた、あなたがたの記憶にも十分にない数千年前の古代の文明、すなわち、エジプトからイスラエル、アラブのほうに栄えた文明と、日本神道とは、意外に〝地下水脈〟でつながっています。そのように理解していただければ結構かと思いますね。

ただ、「サラディンが東郷平八郎として転生した」というのが受け入れられるかどうかは、私は知りませんがね。

まあ、「私としては、そう認識している」ということです。

岩本　貴重な秘密をお教えいただき、本当にありがとうございます。

7　「中東伝道」へのアドバイス

「命の危険がある」ということを覚悟せよ

岩本　最後に、ハッピー・サイエンスが「中東伝道」をする上でのアドバイスを頂ければと存じます。

サラディン　まあ、命の危険がありますわね。はっきり言いまして、命の危険があります。

経済的に結びつくことはできますが、紛争や戦争が絶えない地域であるし、ある意味では、一時期、世界から見放される時期が来るかもしれないと思います。

あまりの紛争の多さに、「やはり、イスラム文化は未開のものだ」ということで、もう一度、十字軍的に滅ぼしに来る気配は存在しておりますね。

イランは、おそらく、強気で核開発に入っていくと思いますけれども、アラブの本当の総意が、「イスラエルという、ちっちゃな国がなければ、もう少し平和にまとまるのに……」というところにあるのは事実です。やはり、「あそこに三大宗教の聖地がある」というのは非常に問題が多くてね。

だから、「あの近くで〝人類の最終戦争〟が行われるかどうか」ということが、今、テーマになっているのだと思います。「あそこで戦争が起きれば、それが、いわゆる予言のハルマゲドンになるのかな」という感じがしないでもないですが、まあ、すでに、イラク戦争あたりから始まっているのかもしれません。

「幸福の科学の思想に呼応する人」が出てくる計画も

サラディン　中東のほうの反応は、あなたがたと違って、非常にゆっくりと起きます。何年もかかってから、反作用が起き、反応が起きてくるので、クイックではありません。

そのため、ゆっくりとしか分からないかもしれませんが、おそらく、「ＥＵに対抗できるようなものを何かつくろう」と努力する可能性があるので、アラブの盟主というか、アラブの国々を一つにまとめようとする動きも出てくるかなと思いますね。

これは歴史のせめぎ合いで、何とも言えない厳しいものがあるけれども、「欧米の奴隷的な立場でのみ生き延びる」というようなことでは、そう長くは耐えられないと思います。

だから、イランやシリアは、おそらく攻撃を受けることになると思いますが、「それで終わりにはならないのではないかな」という感じがいたしますね。必ず違った動きが起きてくると思う。

そこに、日本がどう入っていけるか。

まあ、「日本人は安全第一で、戦争が嫌い」というイメージになっておりますので、そういうことであれば、身の危険を感じて、いち早く逃げるほうになると思うんですけれども、どれだけの役割を果たせるか。ここは、やはり新しい思想の力が必要かと思っております。

その幸福の科学の思想に呼応して、イスラム圏でも立つべき人が立ってくる可能性があると私は思いますね。ある程度の見識も地位もある人たちが、立ち上がってくることはあると思います。

「欧米文化に帰依できなくとも、こういう日本文化であれば、オッケー」という人がおそらく出てくると思うし、そういう計画もあるようではあります。

あなたがたも知っているでしょう。「あのサダム・フセインも、かつては日本神道の神々の一人だった」という話もあったと思いますが、事実は事実です（前述の『イラク戦争は正しかったか』――サダム・フセインの死後を霊査する――」でも言及）。そのとおりでして、けっこう、人材の交流はあるんですよ。

だから、日本での過去世を持った人間が、一部、あちらのほうに転生していったりするようなこともあるかもしれませんね。

「イスラム圏との共通基盤」をつくっていく努力を

サラディン　日本人が、英語ができるようになって、英語で話ができるようになるか。もう少し、アラビア語に通じるようになるか。まあ、そのへんは分かりませんけれども、何らかのかたちで、（イスラム圏との）共通基盤もつくっていかないといけないでしょう。

でも、あちらも変わると思いますよ。「平時においては、もう少し平和的な国家運営をしなければならんし、時代錯誤的な文化は改めなければならん」という考えが出てくると思いますので、啓蒙活動をしっかりなされたらよいと思います。

ただ、殉教する人が出る可能性はありますね。

岩本　分かりました。イスラムの新しいリーダーが目覚めるよう、しっかりと伝道させていただきたいと思います。本日は、貴重なお話を賜（たまわ）りまして、本当にありがとうございました。

サラディン　ええ。ありがとうございました。

8　サラディンの霊言を終えて

「サラディン＝東郷平八郎」説はインパクトのある霊界情報

大川隆法　東郷平八郎だったのですか。

確かに、東郷さんが、日本海海戦でロシアのバルチック艦隊を破ったのは、歴史的には大きな転換点でした。黄色人種が白人に勝ったのは、日露戦争が初めてです。それまでどこも勝てない相手だった大国ロシアを破ったため、その後、日本の世紀が始まったわけです。

その次はアメリカに負けているので、「アメリカとの関係がどうなるか」ということがまだありますが、歴史の歯車をゆっくりと回してみれば、日露戦争の勝利は、百年以上たった今も、大きな意味を持っているかもしれません。

確かに、いまだにトルコあたりでは、東郷さんの人気はすごく高いようです。また、「北欧のほうには、いわゆる〝東郷ビール〟がある」という話を聞いたこともあります。彼の名は、トルコやアラブ諸国周辺から、東ヨーロッパやスカンジナビアのあたりにまで轟いているのです。

というのも、これらの地域は、歴史的に、ロシアの圧迫をそうとう受けてきているからです。ロシアは、現在、核大国ですし、昔も、周辺諸国をよく侵略するような国でした。

したがって、このあたりの人たちが、「サラディン＝東郷平八郎」説を知ったならば、意外と〝すっきり〟する可能性があります。日本が、アラブ圏に足場を置いたり、北欧や東欧圏等に〝兵線〟を伸ばしたりしていくときに役に立つ考えが、ここから出てくるかもしれません。

中国の覇権主義を無力化できれば、日本の威信は非常に高まる

大川隆法　日本がバルチック艦隊をパーフェクトゲームで破ったのは、歴史的には、ギリシャがペルシャを破った「サラミスの海戦」（紀元前四八〇年）に匹敵するでしょう。そのくらい大きな「世界史の転換点」ではありました。

また、日本は、第二次大戦で、アメリカと四年近く戦って敗れていますが、ドイツやイタリアが次々と降参していくなか、最後まで戦っています。

日本は、第一次、第二次大戦とも、ヨーロッパの諸国に対しては敗れていません。これも一つの実績ではあります。日本は、アメリカとの戦い以外では、どの国に対しても負けてはいないのです。

したがって、中国や北朝鮮の覇権主義を、何らかのかたちで、無力化あるいは分解していくことができれば、日本のプレスティージ（威信）は非常に高まり、「日本に学ぼう」という風潮が、アジアや中東、アフリカあたりから出てくるでしょう。

そうなる可能性が極(きわ)めて高いと思います。

ヒトラーのナチスとあれほど激しく戦ったイギリスでさえ、アジアでは、日本に、こてんぱんにやられています。日本の圧勝です。インドは、イギリスに百五十年間も植民地支配され、まったく勝てずにいましたが、日本は、イギリスと近代戦をして圧勝し、戦艦も簡単に沈(しず)めているのです。

今、日本に必要なのは「世界に対して目を開いたリーダー」

大川隆法　これから、世界史が転換していくのかもしれません。東郷平八郎の勝利から百年以上がたちましたが、今、世界史がゆっくりと転換していこうとしているのかもしれませんね。

ただ、そのためには、日本の国に政治力というか、もう一段のリーダーシップが必要です。

したがって、次には、「強い宗教」と同時に、「政治家としてのリーダーシップ」

が求められるようになるでしょう。今の政治家のように、はっきりしない主張ばかり並べられたのでは困りますからね。

今、日本には、「世界に対して目を開いたリーダー」が必要です。その意味で、当会が行っていることは、歴史的必然のなかに入っているのかもしれません。

やはり、「宗教」と「政治」の両方が必要です。もちろん「教育」も要るでしょうけれどもね。

ゆっくりと変わっていくのかもしれませんが、五十年後、百年後には、「日本が世界をリードする」という運命が待っているかもしれません。

今の中東での争いは、おそらく、イスラム圏が攻撃を受けるかたちになるでしょうが、「それで終わりにはならない」ということでしょうね。

では、以上です。

質問者一同　ありがとうございました。

あとがき

中東や北アフリカでは、キリスト教・ユダヤ教連合軍対、イスラム武装グループ・軍事国家との最終戦争が近づいているようだ。

憎しみの根っこは、理解の欠如と相互不信にある。

ユダヤ教の成立にも、キリスト教の成立にも、イスラム教の成立にも（ついでに仏教の成立にも）、霊的存在として深くかかわった一人として、私は、宗教の違いがからんだ世界戦争など望んでいない。

今、必要なのは、争いではなく、相互理解のための「説明」である。「幸福の科学」がその答えであると、強く主張したい。

二〇一三年　二月十二日

主エル・カンターレ（エローヒム）　大川隆法

『中東で何が起こっているのか』大川隆法著作関連書籍

『太陽の法』(幸福の科学出版刊)
『黄金の法』(同右)
『救世の法』(同右)
『世界紛争の真実』――ミカエル vs. ムハンマド――(同右)
『ゾロアスターとマイトレーヤーの降臨』(同右)
『イスラム過激派に正義はあるのか』(同右)
『ネバダ州米軍基地「エリア51」の遠隔透視』(同右)
『地球を守る「宇宙連合」とは何か』(同右)
『宇宙人による地球侵略はあるのか』(同右)

※左記は書店では取り扱っておりません。最寄りの精舎・支部・拠点までお問い合わせください。

『エル・カンターレ信仰とは何か』（宗教法人幸福の科学刊）
『アルファの法』（同右）

中東で何が起こっているのか
――公開霊言 ムハンマド／アリー／サラディン――

2013年2月26日　初版第1刷

著者　大川隆法

発行所　幸福の科学出版株式会社
〒107-0052 東京都港区赤坂2丁目10番14号
TEL(03)5573-7700
http://www.irhpress.co.jp/

印刷・製本　株式会社 堀内印刷所

落丁・乱丁本はおとりかえいたします

ISBN978-4-86395-309-3 C0014
Photo: ©javarman-Fotolia.com/©Faraways-Fotolia.com/©romval16-Fotolia.com

大川隆法 ベストセラーズ・世界の指導者の本心

バラク・オバマのスピリチュアル・メッセージ

再選大統領は世界に平和をもたらすか

弱者救済と軍事費削減、富裕層への増税……。再選翌日のオバマ大統領守護霊インタビューを緊急刊行！日本の国防危機が明らかになる。

【幸福実現党刊】

1,400円

ロシア・プーチン新大統領と帝国の未来

守護霊インタヴュー

中国が覇権主義を拡大させるなか、ロシアはどんな国家戦略をとるのか!? また、親日家プーチン氏の意外な過去世も明らかに。

【幸福実現党刊】

1,300円

安倍新総理スピリチュアル・インタビュー

復活総理の勇気と覚悟を問う

自民党政権に、日本を守り抜く覚悟はあるか!? 衆院選翌日、マスコミや国民がもっとも知りたい新総理の本心を問う、安倍氏守護霊インタビュー。

【幸福実現党刊】

1,400円

政治と宗教の大統合

今こそ、「新しい国づくり」を

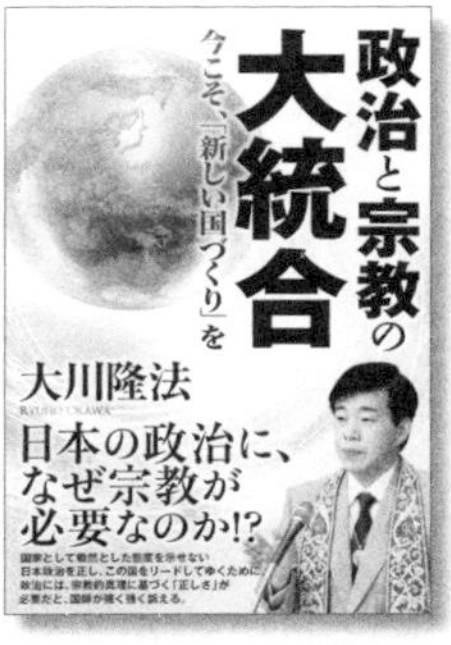

国家の危機が迫るなか、全国民に向けて、日本人の精神構造を変える「根本的な国づくり」の必要性を訴える書。

1,800円

国を守る宗教の力

この国に正論と正義を

３年前から国防と経済の危機を警告してきた国師が、迷走する日本を一喝！ 国難を打破し、日本を復活させる正論を訴える。
【幸福実現党刊】

1,500円

平和への決断

国防なくして繁栄なし

軍備拡張を続ける中国。財政赤字に苦しみ、アジアから退いていくアメリカ。世界の潮流が変わる今、日本人が「決断」すべきこととは。
【幸福実現党刊】

1,500円

大川隆法ベストセラーズ・法シリーズ《基本三法》

太陽の法

エル・カンターレへの道

創世記や愛の段階、悟りの構造、文明の流転を明快に説き、主エル・カンターレの真実の使命を示した、仏法真理の基本書。

2,000円

黄金の法

エル・カンターレの歴史観

歴史上の偉人たちの活躍を鳥瞰しつつ、隠されていた人類の秘史を公開し、人類の未来をも予言した、空前絶後の人類史。

2,000円

永遠の法

エル・カンターレの世界観

『太陽の法』(法体系)、『黄金の法』(時間論)に続いて、本書は空間論を開示し、次元構造など、霊界の真の姿を明確に説き明かす。

2,000円

幸福の科学グループのご案内

宗教、教育、政治、出版などの活動を通じて、地球的ユートピアの実現を目指しています。

宗教法人　幸福の科学

一九八六年に立宗。一九九一年に宗教法人格を取得。信仰の対象は、地球系霊団の最高大霊、主エル・カンターレ。世界百カ国以上の国々に信者を持ち、全人類救済という尊い使命のもと、信者は、「愛」と「悟り」と「ユートピア建設」の教えの実践、伝道に励んでいます。

（二〇一三年二月現在）

公式サイト
http://www.happy-science.jp/

愛

幸福の科学の「愛」とは、与える愛です。これは、仏教の慈悲や布施の精神と同じことです。信者は、仏法真理をお伝えすることを通して、多くの方に幸福な人生を送っていただくための活動に励んでいます。

悟り

「悟り」とは、自らが仏の子であることを知るということです。教学や精神統一によって心を磨き、智慧を得て悩みを解決すると共に、天使・菩薩の境地を目指し、より多くの人を救える力を身につけていきます。

ユートピア建設

私たち人間は、地上に理想世界を建設するという尊い使命を持って生まれてきています。社会の悪を押しとどめ、善を推し進めるために、信者はさまざまな活動に積極的に参加しています。

海外支援・災害支援

国内外の世界で貧困や災害、心の病で苦しんでいる人々に対しては、現地メンバーや支援団体と連携して、物心両面に渡り、あらゆる手段で手を差し伸べています。

自殺を減らそうキャンペーン

年間約３万人の自殺者を減らすため、全国各地で街頭キャンペーンを展開しています。

公式サイト
http://www.withyou-hs.net/

ヘレンの会

ヘレン・ケラーを理想として活動する、ハンディキャップを持つ方とボランティアの会です。視聴覚障害者、肢体不自由な方々に仏法真理を学んでいただくための、さまざまなサポートをしています。

公式サイト
http://www.helen-hs.net/

教育

学校法人 幸福の科学学園

幸福の科学学園中学校・高等学校は、幸福の科学の教育理念のもとにつくられた学校です。人間にとって最も大切な宗教教育の導入を通じて精神性を高めながら、ユートピア建設に貢献する人材輩出を目指しています。

幸福の科学学園
中学校・高等学校（男女共学・全寮制）
2010年4月開校・栃木県那須郡

TEL **0287-75-7777**

公式サイト
http://www.happy-science.ac.jp/

関西校（2013年4月開校予定・滋賀県）
幸福の科学大学（2015年開学予定）

仏法真理塾「サクセスNo.1」

小・中・高校生が、信仰教育を基礎にしながら、「勉強も『心の修行』」と考えて学んでいます。

TEL **03-5750-0747**（東京本校）

心の面からのアプローチを重視して、不登校の子供たちを支援しています。また、障害児支援の「**ユー・アー・エンゼル!**」運動も行っています。

不登校児支援スクール「ネバー・マインド」

幼少時からの心の教育を大切にして、信仰をベースにした幼児教育を行っています。

エンゼルプランV

学校からのいじめ追放を目指し、さまざまな社会提言をしています。また、各地でのシンポジウムや学校への啓発ポスター掲示等に取り組むNPO「いじめから子供を守ろう！ネットワーク」を支援しています。

公式サイト **http://mamoro.org/**

ブログ **http://mamoro.blog86.fc2.com/**

相談窓口 **TEL.03-5719-2170**

政治

幸福実現党

内憂外患の国難に立ち向かうべく、二〇〇九年五月に幸福実現党を立党しました。創立者である大川隆法党総裁の精神的指導のもと、宗教だけでは解決できない問題に取り組み、幸福を具体化するための力になっています。

党員の機関紙
「幸福実現News」

TEL 03-6441-0754
公式サイト
http://www.hr-party.jp/

出版メディア事業

幸福の科学出版

大川隆法総裁の仏法真理の書を中心に、ビジネス、自己啓発、小説など、さまざまなジャンルの書籍・雑誌を出版しています。他にも、映画事業、文学・学術発展のための振興事業、テレビ・ラジオ番組の提供など、幸福の科学文化を広げる事業を行っています。

TEL 03-5573-7700
公式サイト
http://www.irhpress.co.jp/